DEBUT D'UNE SERIE DE DOCUMENTS
EN COULEUR

PHILOSOPHES ET PENSEURS

Albert LECLÈRE

Docteur ès-lettres
Professeur agrégé à l'Université de Berne

La
PHILOSOPHIE GRECQUE
Avant Socrate

BLOUD & Cie
S. et R. 480-481.

BLOUD et Cie, Édit., 4, rue Madame, Paris (VIe)

Nouvelle Collection

LA PENSÉE CHRÉTIENNE
Textes et Etudes
Volumes in-16 à prix divers : 2 à 4 francs.

Saint Irénée, par Albert Dufourcq, Professeur à l'Université de Bordeaux, Docteur ès-lettres. 1 vol. 2e édition : 3 fr. 50 ; *franco*... 4 fr.
Saint Justin et les Apologistes du second siècle, par Jean Rivière, Docteur en théologie, Professeur à l'école de théologie d'Albi, avec une introduction par Pierre Batiffol, Recteur de l'Institut Catholique de Toulouse, 1 v. 3 fr. 50 ; *franco*... 4 fr.
Origène, par F. Prat, secrétaire de la Commission biblique. 1 vol. : 3 fr. 50 ; *franco*.......................... 4 fr.
Saint Vincent de Lérins, par Ferdinand Brunetière, de l'Académie Française, et P. de Labriolle, professeur à l'Université de Fribourg (Suisse), 1 vol. ; 3 fr. ; *franco* : 3 fr. 50
Saint Athanase, par F. Cavallera, 1 vol. : 3 fr. 50 ; *franco*... 4 fr.
Saint Jérôme, par J. Turmel. 1 vol. : 3 fr. ; *franco* : 3 fr. 50
Tertullien, par le même. 1 vol. 3e édit. : 3 fr. 50 ; *franco* : 4 fr.
Saint Jean Damascène, par V. Ermoni, professeur au Scolasticat des Lazaristes. 1 vol., 2e édit. : 3 fr. ; *franco* : 3 fr. 50
Saint Bernard, par E. Vacandard, aumônier du Lycée de Rouen. 1 vol., 2e édit., 3 fr. ; *franco*........... 4 fr.
Saint François de Sales, par Fortunat Strowski, professeur à l'Université de Bordeaux. 1 vol. : 3 fr. 50 ; *franco* : 4 fr.
Le Théâtre édifiant en Espagne (Cervantès, Tirso de Molina, Calderón), par Marcel Dieulafoy, de l'Institut. 1 vol. : 3 fr. 50 ; *franco*........................... 4 fr.
Bonald, par Paul Bourget, de l'Académie Française, et Michel Salomon. 1 vol. 3e édit. : 3 fr. 50 ; *franco*......... 4 fr.
Moehler, par Georges Goyau, 2e édit., 1 vol...... 3 fr. 50 ; *franco*... 4 fr.
Newman, *Le développement du Dogme chrétien*, par Henri Bremond, 5e édit., refondue et augmentée, avec préface de Sa Grandeur Mgr Mignot, Archevêque d'Albi. 1 vol. : 3 fr. ; *franco*... 3 fr. 50
Newman, *La Psychologie de la Foi*, par le même, 4e édit., 1 vol. : 3 fr. 50 ; *franco*........................... 4 fr.
Newman, *La Vie chrétienne*, par le même. 3e édit., 1 vol. : 3 fr. 50 ; *franco* : 4 fr. Ces trois ouvrages ont été couronnés par l'Académie française (1906).
Maine de Biran, par G. Michelet, professeur à l'Institut catholique de Toulouse. 2e édit.. 1 vol. : 3 fr. ; *franco* : 3 fr. 50
Gerbet, par Henri Bremond. 1 vol. 3 fr. 50 ; *franco* : 4 fr.
Ketteler, par Georges Goyau, 1 vol. : 3 fr. 50 ; *franco* : 4 fr.

DEMANDER LE CATALOGUE

LA
PHILOSOPHIE GRECQUE AVANT SOCRATE

MÊME SÉRIE

Psychologie générale et comparée.

CONTESTIN (G.). — Le Matérialisme et la nature de l'Homme *(97)*.................................. 1 vol.
KIRWAN (C. de). — L'Animal raisonnable et l'Animal tout court, *étude de Physiologie comparée (20)*. 1 vol.
— L'Homme animal et l'Homme social, *d'après l'école matérialiste (143)*........................... 1 vol.
LAMINNE (J.). — L'Homme d'après Haeckel *(367)*. 1 vol.

Philosophie des sciences.

ADHÉMAR (Vte d'). — La Philosophie des Sciences et le Problème religieux *(291)*.............. 1 vol.
BAILLE (L.). — Qu'est-ce que la Science ? *(399)*. 1 vol.
BARRE (A. de la). — Certitudes philosophiques et Certitudes scientifiques *(1)*.................... 1 vol.
MUNNYNCK (M. de). — La Conservation de l'Energie et la Liberté morale *(112)*................. 1 vol.

Histoire de la philosophie.

GIRAUD (Victor). — **La Philosophie religieuse de Pascal et la Pensée contemporaine.** *(265)*...... 1 vol.
SALOMON (Michel). — Le Spiritualisme et le Progrès scientifique, *Étude sur le mouvement philosophique au XIX° siècle (176-177)*, 2 vol. Prix.......... **1 fr. 20**

QUESTIONS PHILOSOPHIQUES

LA PHILOSOPHIE GRECQUE AVANT SOCRATE

PAR

Albert LECLÈRE

Docteur ès lettres
Professeur agrégé à l'Université de Berne

PARIS
LIBRAIRIE BLOUD & Cie
4, RUE MADAME, 4
1908
Reproduction et traduction interdites.

OUVRAGES DU MÊME AUTEUR

Essai critique sur le droit d'affirmer, Alcan, Paris, 1901.

De facultate verum assequendi secundum Balmesium, Chevalier-Marescq. Paris, 1901.

Le Mysticisme catholique et l'Ame de Dante, Bloud, Paris, 1906.

La Morale rationnelle dans ses relations avec la Philosophie générale, Payot, Lausanne, 1907.

LA PHILOSOPHIE GRECQUE AVANT SOCRATE

CHAPITRE PREMIER

Les sources et les premiers débuts de la Sagesse hellénique.

Le Judéo-Christianisme et l'Hellénisme, leur fusion et les réactions réciproques des courants issus de ces deux sources, c'est toute la civilisation. Aussi l'éveil du génie grec, qui dès avant Sokrate esquissa les premiers linéaments de toutes les sciences et de toutes les philosophies en même temps qu'il créait en tous genres de littérature et d'art des chefs-d'œuvre qui sont d'éternels modèles, doit-il être l'objet d'une étude attentive et pieuse ; l'humanité ne commence vraiment qu'avec le peuple qui inaugura les manières de penser dont la pratique distingue le civilisé du barbare, et les manières de jouir du beau qui conviennent aux esprits sachant penser. Les Grecs inventèrent l'idée de la vérité humaine, car les premiers ils laïcisèrent la recherche du vrai ; même, ils eurent les premiers une idée exacte de ce qu'il faut entendre par vérité : tandis qu'au regard des autres peuples celle-ci devait à sa dignité de toujours apparaître comme quelque chose d'étonnant, de mystérieux, de plus ou moins analogue à une révélation, elle fut pour eux ce qui doit être intelligible de soi, conforme à la lumière naturelle de l'esprit, expression et miroir de l'esprit même. L'art véritable est également leur découverte ; ailleurs mêlé de puérilité, maladroit ou bizarre, il est en Grèce le rival heureux de la nature, habile à faire plus beau et plus intéressant qu'elle sans cesser pourtant de s'y relier, apte à maintenir en toutes ses créations un équilibre parfait entre le réel et l'idéal.

L'Hellénisme doit donc être, jusque dans ses origines, le premier sujet d'étude pour qui veut comprendre l'évolution des sociétés humaines supérieures. On ne saurait exagérer l'importance d'une méditation approfondie de ses premiers commencements. A les analyser, à suivre les efforts de l'esprit grec vers sa pleine maturité, on aperçoit à quelles qualités de race et de terroir l'hellène dut le privilège de devenir le premier exemplaire de l'homme vraiment homme ; on ne peut, en particulier, comprendre Sokrate, Platon et Aristote, et savoir comment ils furent possibles, si l'on ignore les Antésocratiques ; c'est grâce à ces derniers, dont l'époque fut l'âge héroïque de la philosophie, qu'ils purent édifier des monuments dont plusieurs parties demeurent encore intactes. Et combien de germes précieux les grands Socratiques laissèrent-ils dormir ! Des esprits moins originaux les ont recueillis et fait prospérer plus ou moins jusqu'à l'aube du moyen âge. Aujourd'hui, l'histoire des précurseurs, mieux connue, les montre plus vénérables qu'ils n'apparaissaient aux Grecs mêmes, dont nous sommes les fils spirituels au moins autant par ce qui nous rattache aux Antésocratiques que par ce que nous devons à leurs plus glorieux successeurs.

C'est bien à la race hellénique qu'il faut faire le principal honneur de la culture merveilleuse où elle atteignit. Elle résulta sans doute de croisements nombreux ; des aborigènes peut-être touraniens, des asiatiques aryens et sémites, des aryens descendus de l'Europe centrale, voilà les éléments dont la synthèse, d'ailleurs favorisée par diverses circonstances de temps et de lieu, constitua le peuple grec. Ainsi parfois le hasard des mélanges opérés par le potier aboutit à la création d'un vase dont la matière est d'une beauté si unique que rien dans ses éléments ne paraît susceptible de l'expliquer. On peut passer légèrement sur l'énumération des origines de ce peuple et même sur la distinction, jadis jugée capitale, des Ioniens et des Doriens. Les premiers ont été, d'une manière à peu près constante, les initiateurs et les maîtres des autres, et non seulement les plus anciens pionniers ; mais les Doriens et les représentants des autres races associées — de celles qui avaient déjà fait leurs preuves comme la race mycénienne ou cette autre plus ancienne que des fouilles récentes ont révélée, et de celles qui avaient seulement conservé le souvenir de lointaines traditions ou qui avaient attendu qu'une impulsion leur vînt du dehors — surent apporter une collaboration précieuse à ces Ioniens qui joignaient, à un esprit d'une originalité et d'une vivacité extrêmes, des connaissances et des goûts puisés aux sources aryennes les plus pures et les plus riches, à des sources sémitiques aussi, spécialement pour ce qui concerne proprement la science. Par bonheur, les Ioniens avaient assez oublié le détail des doctrines de leurs pères pour que leur pensée, dégagée des bandelettes séculaires, se pût déployer en toute liberté ; ils s'en souvenaient juste assez pour que ces doctrines, transplantées et transposées dans le mode philosophique, pussent épanouir en frondaisons rationnelles tout le meilleur des richesses accumulées dans les troncs augustes de la forêt mystique qui couvrait la plus grande partie de l'Orient.

L'Egypte et la Chaldée fournirent à la Grèce des notions scientifiques importantes, bien que frustes pour la plupart ; c'est d'Asie, d'une manière générale, qu'elle reçut, directement ou non, les éléments de ses théogonies et de ses cosmogonies primitives. La religion hellénique officielle contenait bien des parties qui furent probablement réinventées en Hellade après avoir été imaginées ailleurs ; il est certain pourtant qu'elle fut largement tributaire de l'étranger ; tous les Indo-Européens composent un groupe que l'on ne peut regarder comme fictif ; mais de même que les Grecs élaborèrent, au point de les rendre méconnaissables, leurs emprunts divers aux ancêtres communs des Indo-Européens, ou aux Hindous, ou aux Iraniens, ou encore à plusieurs peuples sémitiques, ils créèrent une science et une philosophie très diffé-

rentes de leurs idées religieuses officielles.
 Leur religion officielle, dépourvue ou à peu près de mysticité, chef-d'œuvre harmonieusement confus d'une imagination tout esthétique, amoraliste et anthropolâtrique, était si loin de pouvoir inspirer le savant et le philosophe, qu'elle était même impropre à s'assimiler notablement, avec le temps, des notions scientifiques et philosophiques ; pour la littérature et l'art seuls elle put quelque chose. Cependant, l'Orient ne donna pas seulement à la Grèce les éléments qui formèrent le fond de sa religion populaire et la base première de ses progrès intellectuels ; il a le droit de revendiquer une part de ce qu'il y eut de plus élevé dans la piété grecque, qui n'avait rien à voir avec le culte public, lequel nous masque trop l'autre. En effet, si les spéculations philosophico-religieuses de l'Asie lointaine n'agirent guère directement sur les Hellènes, la diffusion chez eux de certains Mystères, de l'Orphisme surtout, fut la pénétration de l'Hellade par l'Orient, et aussi par l'Egypte, qui se rattache plus encore à l'Orient qu'elle ne s'en distingue. Les penseurs grecs sont les héritiers, les élaborateurs définitifs et originaux des doctrines orientales ; leur piété fut une réaction, guidée par des Mystères d'origine étrangère, contre l'impiété de la religion officielle, comme leur science et leur philosophie, auxquelles les Mystères pouvaient offrir aussi des thèmes à méditer, furent des réactions contre l'irrationalité de cette même religion officielle. — Ce n'est pas au reste que celle-ci ne renfermât, dans sa partie domestique et dans sa partie politique, des idées

morales ou même des symboles cosmologiques d'un sérieux profond ; mais là même elle n'était point de nature à beaucoup aider l'esprit grec dans la poursuite de ses hautes destinées spirituelles : plus rituel que religieux était le culte ; la moralité familiale ou civique, notablement utilitaire, s'y subordonnait plus la religion qu'elle ne se relevait par elle, et la cosmologie n'arrivait pas à se dégager des mythes dont le sens importait moins aux Grecs que l'intérêt dramatique et poétique. C'est pourquoi il est à peu près exact de dire qu'en Grèce, tout compte fait, la religion, entendons la religion véritable, se perfectionna davantage grâce à la philosophie que celle-ci ne fit grâce à la religion officielle, et que cette dernière n'aida le vrai esprit religieux à se former. Les Mystères d'une part, et de l'autre un sentiment moral individuel, familial ou civique tout spontané, ont été les agents premiers de l'éducation religieuse des Grecs ; et quand la philosophie théorique et pratique, dont la genèse, chez eux, est dans une large mesure indépendante des causes qui la firent poindre ailleurs, bénéficia des progrès de la religiosité, elle ne fit en partie que reprendre son propre bien, car c'est elle qui avait confirmé l'œuvre de ces agents primitifs dont elle était, certes, tributaire elle-même, mais non pas entièrement. A la religion officielle, elle ne devait guère emprunter que de poétiques illustrations, des métaphores, en somme ; et c'est de la philosophie, des Mystères et des sentiments moraux spontanés de l'hellène, que sa religion officielle tira le peu de vraie moralité et de vraie religion qui se vinrent juxtaposer à elle, sans d'ailleurs jamais parvenir à la pénétrer bien avant.

Il est manifeste que les éléments, dirons-nous positivistes? de la spéculation grecque, dérivent pour une part de l'obligation où elle fut de ne pas s'inspirer beaucoup des idées religieuses courantes. Rien ne portait la religion officielle a être très tracassière ; elle laissa faire ou à peu près l'esprit laïque, qu'elle eût plus gêné que servi, si, moins poétique et moins romanesque, elle eût pu se faire passer pour une doctrine proprement métaphysique et morale. Son infériorité à ces deux points de vue, autant que la vive intelligence des Grecs, qui exigeaient plus que ne pouvait donner la religion, explique comment la pensée libre put prendre chez eux un tel essor. Parallèlement, c'est à la diffusion des doctrines des Mystères qu'il faut rapporter surtout la préparation progressive de l'âme grecque au christianisme. Les croyances communes engageaient si peu que l'on pouvait se dispenser de les abjurer, lors même qu'on professait une philosophie — cette philosophie fût-elle athée — ou une religion plus pure que celle de la foule ; ce n'était en réalité rien affirmer du tout que de s'associer aux fêtes, aux sacrifices, aux cortèges traditionnels.

On ne saurait pourtant nier que, durant toute l'antiquité, il n'y eut des esprits prenant au sérieux le polythéisme courant ; un haut degré de superstition, nous pouvons le constater aujourd'hui même, peut s'accorder avec un développement intellectuel déjà considérable et avec une piété somme toute véritable ; la simple possibilité de mêler, à cette superstition, quelques idées morales dont plusieurs, au reste, semblent exiger l'existence de réalités mystérieuses, et la possibilité de superposer, au panthéon vénéré, un vague dieu suprême qui rende moins étrange l'ensemble des êtres divins, — lesquels deviennent comme ses fils ou ses mandataires, — expliquent fort bien un fait dont la froide raison s'étonne jusqu'à s'en scandaliser.

Un moment vint où la philosophie hellénique se perdit dans un mysticisme aussi dommageable à la religion qu'à la philosophie ; peut-être la prépondérance finale de cet élément eut-elle pour cause première la divergence initiale de la pensée religieuse et de la pensée philosophique. En effet, dans la mesure où celle-ci s'inspirait des Mystères — et c'est par eux surtout qu'elle s'était originairement teintée de religion — elle devait sembler à de nombreux esprits revenir par un détour à la superstition ; de là une philosophie de tendance assez matérialiste, et, par réaction, une autre trop mystique. L'élément qui eût dû servir simplement à achever la philosophie en l'invitant à introduire, avec discrétion, le souci du divin dans sa dialectique, finit par l'absorber, par la dénaturer. A côté des philosophes qui ne croyaient pouvoir mieux faire que de donner les mains à ces ennemis de toute religion dont le ve siècle avant notre ère compte déjà des représentants, il n'y eut plus de place, parmi les penseurs dont la doctrine n'était pas la négation même de la philosophie, que pour des théoriciens mystiques à l'excès, dont la raison se leurrait des conceptions les plus fantastiques. On les préféra aux autres parce que leurs chimères trompaient du moins cette soif d'idéal dont l'âme humaine ne se peut guérir ; mais combien ils durent faire de sceptiques qui ne l'auraient pas été si philosophie et religion avaient mieux connu leurs limites respectives ! Pour cela, hélas, il eût fallu aux Grecs un esprit critique qui ne devait réellement apparaître, dans l'humanité, que bien plus tard.

Sans aucun doute, les premiers penseurs grecs crurent faire plutôt ce que nous appelons de la science ; pourtant ils firent, non pas exclusivement, mais surtout, ce que nous appellerions aujourd'hui de la philosophie des sciences et de la métaphysique. Nous les jugeons en général très aprioristes, et ils le sont trop, comme ils sont aussi trop philosophes où il conviendrait de l'être moins ; mais l'esprit humain n'était pas mûr, alors, pour la recherche inductive pure. Toutefois, ils s'efforcèrent le plus souvent de dégager les généralités dont ils faisaient usage, de l'observation même du monde réel ; ces penseurs, qui veulent être des physiciens et des mathématiciens, sont plutôt philosophes parce qu'ils ne savent pas encore combien le monde est complexe, difficile à observer, lent à livrer à l'esprit de quoi bâtir déductivement sans risquer de s'égarer. La sagesse dont ils se disent les amis embrasse d'abord indistinctement tous les genres de science qui sont à leur portée, et jusqu'à cette expérience de la vie que l'on acquiert en voyageant, jusqu'aux notions générales sur les hommes et sur les choses qui aident à se conduire avec prudence et dignité. Hérodote appelle aussi les sages des sophistes ; c'est chez lui que se trouve pour la première fois le terme de philosophe, et, s'il faut l'en croire, Pythagore aurait créé ce vocable, dont le sens se restreignit durant toute l'antiquité sans jamais devenir identique à celui qu'on adopte aujourd'hui ; la théologie devait se distinguer de la philosophie avant que les sciences se séparassent de celles-ci.

La morale occupa peu les Antésocratiques, soit qu'elle leur semblât comme une annexe des croyances religieuses officielles, soit qu'ils la confondissent avec la législation ou avec sa mise en pratique, si difficile à ramener à une forme scientifique. Les moralistes de ces temps le sont en psychologues et en utilitaires, et ils sont plus volontiers poètes que philosophes. La moralité précéda de très loin la morale chez les Grecs ; de très bonne heure ils pratiquèrent le culte des vertus familiales et de l'héroïsme civique, mais c'est seulement avec Sokrate que la morale entra véritablement dans la philosophie ; encore est-elle, chez lui, rigoureusement utilitaire. Il se peut qu'en consacrant la vertu par le moyen de symboles dont la valeur était surtout esthétique, et de règles cultuelles dont la majesté était surtout politique, la religion officielle ait contribué à empêcher les philosophes de s'intéresser tôt à la morale, dont l'alliance avec elle était une pauvre recommandation. Faut-il regretter beaucoup que la morale ait dû être, dans une large mesure, élaborée par des philosophes purement tels ? Comme leur histoire, la littérature des

Grecs témoigne de l'existence, chez ce peuple, de solides vertus en dépit des lacunes de leur idéal et de certaines étrangetés de leurs mœurs. Quand ils moralisent sans songer à raisonner sur le fond de l'éthique, ils tiennent souvent un langage dont la justesse et la grandeur nous frappent. Il n'est pas étonnant que leurs premiers essais pour fonder cette science aient été maladroits, car les arguments qui s'offrent d'abord à l'esprit pour prouver l'excellence d'une vie droite sont ceux de l'utilitarisme raisonnable ; on ne peut sans de longs tâtonnements devenir expert à démêler les motifs les plus profonds de la moralité.

On fait maintenant peu de cas de la légende des sept sages, dont les diverses listes comprennent jusqu'à vingt-deux noms. Mais nombreux furent, après Homère et Hésiode, les poètes et les législateurs qui méritent ce nom. Leur philosophie est antérieure ou extérieure à celle des philosophes, mais elle fut d'autant plus féconde peut-être ; il était bon que la pensée s'exerçât d'abord et longtemps à organiser la cité, à réfléchir sur la destinée de l'homme et à scruter notre nature sans préoccupations systématiques ; l'esprit de finesse fit son éducation, chez les Grecs, principalement dans l'action et par la littérature ; il y gagna de s'unir intimement au goût de l'analyse psychologique, au sentiment exact du réel et du possible, au souci d'un idéal large et libre.

Un certain pessimisme vint de là, mais que corrigeaient une aspiration très forte vers la justice et une disposition constante à sourire à toute espérance ; de sorte que la réflexion ne leur déconseilla pas l'effort. Plus tard, ils n'eurent qu'à se souvenir des nobles actions des ancêtres, à relire les paroles inspirées à leurs législateurs et à leurs poètes par le souci du bien général, par l'amour de la nature et de la beauté, pour mettre au jour une philosophie morale dont les traits essentiels ne devaient pas s'effacer. Les premiers représentants de la culture hellénique avaient interrogé sans idées préconçues l'esprit, la conscience et le cœur de l'homme sur ce qu'ils exigent spontanément. Le bon sens admirable de la race et non, comme ailleurs, un goût étrange pour des utopies fantaisistes, avait guidé les législateurs. Et c'est à l'univers même tel qu'il apparaît à un esprit non prévenu, que les premiers savants, que les premiers philosophes avaient demandé de les instruire ! C'est pourquoi, si vite, le caractère spécial de toute la spéculation grecque semble consister, en un sens, à n'être point grecque, mais simplement humaine, dans l'acceptation la plus ample et la plus élevée de ce mot. Nulle part ailleurs, dans l'antiquité, l'homme ne vibrait comme en Grèce au moindre événement du monde ambiant ou de sa propre vie intérieure, et n'était aussi apte à percevoir le réel tel qu'il est, à le décomposer en concepts abstraits, à faire de ces concepts un usage rationnel. Pour comble de bonheur, les circonstances firent, non seulement que la religion ne vint point fausser la spéculation dès sa naissance, mais encore que l'idée de philosopher sur toute chose et de systématiser toutes les connaissances acquises fut lente à s'imposer aux esprits. La légèreté que l'on reproche aux Grecs contribua à préserver leur pensée d'un pédantisme précoce qui l'eût fait dévier ; même, ne faut-il pas les louer un peu de cette frivolité qui les faisait si amis de toutes les nouveautés, de celles qui les arrachèrent aux routines, aux vains préjugés, comme de celles, hélas, qui leur furent nuisibles ?

Le sujet de cet opuscule étant la philosophie des Antésocratiques, nous ne toucherons à leur activité scientifique que dans la mesure nécessaire pour éclairer leur mentalité et leurs conceptions philosophiques ; celles-ci forment d'ailleurs un ensemble très cohérent par luimême, et fort intelligible, en particulier, sans l'aide de ces considérations sociologiques jugées indispensables par les partisans de Le Play et par les Marxistes. Certes, la genèse de tous les produits de l'intelligence humaine est humble, et tout est confus aux origines ; mais à proportion de ses progrès, l'esprit humain, imitant le *Nous* d'Anaxagore, analyse et distingue de mieux en mieux ; les disciplines qu'il invente deviennent toujours plus indépendantes tout en étant toujours plus susceptibles de profiter de l'exemple et de l'aide des autres. Si l'on y regarde de près, le mot attribué à Périklès par Thucydide : « Nous philosophons avec mesure et nous aimons le beau sans mollesse », était déjà vrai de Grecs bien plus anciens ; le mode suivant lequel ils pensèrent au temps de leurs travaux les plus magnifiques était celui suivant lequel s'essayaient déjà à penser ceux de leurs ancêtres que l'on n'appelait encore que des sages.

On ne peut à la fois exposer séparément l'évolution de chaque école et suivre l'ordre de l'apparition des œuvres écloses dans l'ensemble des écoles au cours d'une époque ; nous suivrons, d'une manière générale, l'ordre d'apparition des grands mouvements philosophiques en indiquant les synchronismes ; c'est là le meilleur plan ; mais le meilleur, nous le savons, a ses inconvénients. Le moins bon serait de morceler les diverses doctrines en autant de chapitres qu'il existe de problèmes pour les philosophes modernes. Car il se faut garder par-dessus tout de caractériser les tendances de philosophes si anciens comme on le peut faire quand il s'agit de systèmes venant après des siècles d'analyse ; par exemple, l'opposition de la matière et de l'esprit, celle de l'*a priori* et de l'*a posteriori,* celle du Théisme et du Panthéisme, ne pouvaient être en ces temps lointains ce qu'elles sont chez nous. Il serait puéril, enfin, de s'évertuer à montrer, dans la succession des théories antérieures à Sokrate, l'expression et l'effet d'une sorte de nécessité immanente à l'intelligence ; les premiers efforts de l'esprit humain pour arriver à philosopher normalement eussent pu être très différents ; on n'est pas bon historien si l'on ne sait reconnaître la part de hasard et d'irrationnel qui se mêle à la logique immanente dans tous les faits humains aussi bien que dans tous les autres.

CHAPITRE II

Thalès, Anaximandre, Anaximène, Diogène d'Apollonie.

I. *Thalès.* — C'est à Milet, en Asie Mineure, que naquit la philosophie grecque, avec Thalès, qui florissait à l'aube du vi^e siècle avant J.-C. C'était un sage qui fut aussi un homme politique, un voyageur curieux doublé d'un habile commerçant, un savant enfin, qui inventa la philosophie sans s'en douter. Il est peu probable qu'il ait découvert des vérités importantes en arithmétique, en géométrie et en astronomie, car il paraît avoir tenu tout son savoir de l'Egypte, qu'il visita, et des Babyloniens, voisins des Ioniens. Ses tendances scientifiques sont plutôt pratiques ; il apprit aux Egyptiens à mesurer la hauteur des monuments à l'heure où l'ombre de l'homme égale sa propre taille ; il tenta d'expliquer les crues du Nil, appliqua à la navigation certaines notions astronomiques et sut prédire une éclipse, mais en se fondant sur des remarques faites par les Chaldéens dont le savoir, au reste, était tout empirique.

Il conçoit la terre comme un disque reposant sur l'eau et provenant d'une transformation de l'élément humide ; l'eau est l'éternel principe dont tout vient et où tout retourne. La voûte céleste forme une demi-sphère dont le soleil parcourt, la nuit, le bord caché à nos yeux par son éloignement ; et le diamètre de cette demi-sphère est la largeur même du monde. C'est là sa physique, parente des cosmogonies où le premier rôle est à Okeanos ou partagé entre Okéanos et Thétys, parente aussi des cosmogonies égyptiennes et chaldéennes. Il croyait voir la preuve de sa théorie dans ce fait que l'humide constitue la semence de tous les vivants et les éléments qui servent à leur accroissement. Mais, soit qu'un reste de fétichisme ambiant l'inclinât à animer jusqu'aux objets matériels, soit que l'observation même l'ait conduit à soupçonner en toute chose quelque force analogue à celle, si étonnante pour un ancien, que manifeste l'ambre frotté, soit qu'il ait pressenti à quelque degré la nécessité d'expliquer le mouvement par une activité supérieure, il voit partout des âmes et même des dieux.

On ne sait rien de plus sur la philosophie de Thalès, et encore ce peu, qui demeure assez vague, est-il contesté. La gloire d'Anaximandre lui fit tort ; mais il y a là une injustice, car Anaximandre eût-il été possible sans Thalès ? Quel abîme entre celui-ci et ce qui le précède ! Les dieux dont il peuple le monde ne sont plus exactement ceux de la superstition populaire ; il repense d'une manière toute laïque la cosmogonie mythique courante ; il la simplifie tellement qu'il s'élève, le premier, à l'idée de l'unité du monde, à peine entrevue par les plus grands mythologues ; à l'idée de l'unité de composition du monde, que la perception extérieure et le sens commun ne sauraient révéler ; à celle, enfin, de la possibilité d'une explication des choses par un principe tiré, en toute liberté d'esprit, de l'expérience interprétée par la raison. Avec lui, le savoir humain se dégage du savoir sacerdotal qui l'ébaucha, et de la poésie qui n'empruntait à la religion que pour éloigner davantage encore l'esprit de la méditation positive du réel. Si Thalès et bien d'autres après lui ne sentaient pas la nécessité de diviser le travail intellectuel, du moins l'essence formelle du vrai savoir était désormais déterminée ; Thalès avait mis ses successeurs éventuels en mesure de marcher sur une voie qu'il avait fallu tout son génie pour simplement découvrir. L'eau devait lui paraître très propre à rendre compte des divers corps que renferme l'univers : elle a, pour un observateur non muni de notre science, si peu de qualités définies, et néanmoins son rôle est si multiple et si considérable ! Rien de plus naturel que de voir en toutes choses de l'eau transformée. Pour simpliste que soit l'idée de la transmutation, elle réalisait un grand progrès sur la croyance à la production des diverses choses par des divinités dont la généalogie et les aventures expliquaient tous les attributs, et dont les attributs, calqués sur les qualités des êtres naturels, expliquaient les pouvoirs créateurs ou régulateurs. D'autre part, quelque panzoïste que soit la physique de Thalès, elle distingue assez la matière et le principe qui l'anime pour que le souci des causes efficientes y prédomine sur celui des causes finales ; et le spirituel, discrétement introduit dans le monde qu'il décrit, y affirme ses droits sans interdire à la physique naissante de voler de ses propres ailes. Le rôle du spirituel, du reste, est ici presque honoraire, car le premier philosophe grec ne se préoccupa point surtout du devenir des choses, dont la considération porte aisément vers un dynamisme spiritualiste ; c'est la substance des êtres qui l'intéressa de préférence à la loi de leurs changements.

II. *Anaximandre*. — Anaximandre, milésien et sans doute disciple de Thalès, naquit en 610 et mourut en 547 ; il florissait vers 566. La politique et la science l'occupèrent tour à tour. Nous n'avons rien de ses premiers travaux, ni de son Traité de la Nature, la première œuvre philosophique grecque écrite en prose. Mais il nous est mieux connu que Thalès.

Grande fut son activité scientifique, mais il brilla davantage en physique qu'en mathématique. S'il n'inventa pas le gnomon, qu'il avait établi à Sparte, il dressa une première carte terrestre, et une carte céleste qui est un premier essai d'astronomie exacte. Il regarda la terre comme un cylindre dont la largeur, triple de la hauteur, assure à notre monde la fixité dans la sphère qui le contient et où il demeure en équilibre grâce à ce qu'il en occupe le milieu. Des observations précieuses sur les constellations polaires, qui ne se couchent point, l'avaient amené à ajouter, à la demi-sphère qui formait le ciel de Thalès, une autre demi-sphère que le soleil, pensait-il, parcourt pendant la nuit avant de reparaître le matin à l'Orient.

A prendre dans son ensemble l'histoire de la philosophie, c'est presque toujours un progrès scientifique qui paraît déterminer un progrès philosophique ; mais au début, rien d'analogue ; possible, sous toutes réserves, avant la science proprement dite, la philosophie doit d'abord fournir à la recherche positive du vrai des inspirations dont celle-ci ne saurait se passer ; quels qu'en soient le vague et l'arbitraire, ces inspirations semblent lui être indispensables. C'est pourquoi l'on ne peut exposer comme il convient les principales idées scientifiques de nombreux philosophes primitifs si l'on ne fait connaître au préalable leur philosophie. Il faut, en particulier, procéder ainsi pour Anaximandre, qui doit plus au système ébauché par Thalès qu'aux notions scientifiques répandues de son temps ou élaborées par lui-même en dehors de toute préoccupation philosophique.

Ni l'eau ni un autre corps déterminé ne peuvent avoir été, suivant lui, la matière primordiale des choses ; seule une matière sans qualités se prête à tout devenir. Il évite ainsi, jusqu'à un certain point, la chimère de la transmutation ; et il imagine, pour expliquer le divers, de le rapporter au mouvement comme à sa cause suffisante. N'est-ce pas là préluder à l'Atomisme ? Il en est certes plus près qu'Anaxagore avec son idée d'une infinie variété originelle ; car la conception de la matière primitive comme d'un homogène sans autres propriétés essentielles que des propriétés mathématiques, est une partie au moins aussi importante de la doctrine atomistique que l'idée de la diversification par composition et dissolution, commune en somme aux trois philosophies. Divine est cette matière indéterminée, divin ce mouvement éternel comme elle, et de nature circulaire ; celui-ci semble s'identifier, pour Anaximandre, avec une nécessité dynamique indiscernable de la matière même. Le spiritualisme et la religion du grand milésien ne se précisent pas davantage ; mais ils ne sont pas nuls comme certains l'ont prétendu ; car, s'il en était ainsi, eût-il pénétré d'une sorte de justice immanente, punissant par la dissolution les êtres individuels qui ont osé se former, cette force organisatrice où il découvre comme un instinct invincible d'ajouter toujours créations à créations ? Il n'a aucune raison de croire au vide, ni de borner l'univers dans le temps ou dans l'espace ; son être-principe est une étendue infinie, identique à la matière indéfiniment plastique qui le remplit. Y a-t-il à chaque instant une infinité de mondes, ou leur succession seule est-elle proprement infinie ? Il ne nous le dit pas.

Il est naturel que l'explication de toutes choses par une matière unique ait été présentée par Anaximandre avec une adjonction qui semble, mais bien à tort, faire tache dans son système. Un penseur aussi attaché que lui à l'observation du réel ne pouvait, en ces temps, être moniste sans réserve ; aussi, tout en restant fidèle en principe au monisme, ouvre-t-il la liste des penseurs qui admirent des éléments multiples. Le mouvement opéra, croit-il, au sein de l'indéterminé, une première distinction, celle du froid et du chaud ; notre expérience les montre si solidaires qu'il est naturel de les déclarer contemporains. Leur rôle est partout visible ; il est donc tout indiqué de dériver, par leur intermédiaire, le reste des corps de l'indéterminé initial, et tout d'abord la terre, qui résulte vraisemblablement de la solidification de l'humide, et l'air que la chaleur, agissant sur les eaux, transforme en vapeur si peu différentes du fluide que l'on respire. Et ne voit-on pas la terre et l'air produire et nourrir tout le reste ? On doit sans doute entendre, par cette séparation des contraires dont il parle, le résultat final de la dissociation, par le mouvement, de l'homogène en petites parties ; ce même mouvement agrégerait ces parties en corps inégalement denses, dont les propriétés différeraient grâce à la différence même de leurs densités. Cette vue, qui n'est qu'indiquée chez lui, devait se préciser avec Anaximène.

C'est par la densité et le mouvement que tout s'explique dans le monde d'Anaximandre ; le premier de ces principes détermine la place de l'air, celle du feu, celle de la terre jadis toute couverte d'eau comme le prouvent les coquillages qu'on rencontre jusque sur les montagnes ; les deux principes réunis rendent compte des phénomènes atmosphériques ; et le second cause ces tourbillons, ces anneaux d'air feutré à travers lesquels il se produit des trous qui laissent voir du feu arraché aux parties les plus hautes du ciel ; les astres ne sont pas autre chose que ce feu. Les trous se bouchent-ils ?

On ne voit plus les astres. C'est ainsi que se produisent les éclipses.

Comme les êtres inanimés, les vivants ne sont que de l'homogène différencié ; la vase marine leur a donné naissance. Les vivants supérieurs ont pour ancêtres les inférieurs, et l'homme lui-même est d'origine animale ; il a dû naître de quelque poisson dont il habita un certain temps l'estomac, car sans cela aurait-il pu, lui, le plus mal armé pour la vie de tous les animaux, ne point périr aussitôt apparu ? Cette croyance à l'évolution universelle témoigne à la fois d'observations précises et sagaces, et d'un instinct philosophique très sûr, en dépit des erreurs enfantines que commet inévitablement un homme de cette époque reculée. Avec Anaximandre qui continue, corrige et perfectionne Thalès, la philosophie grecque devient vraiment le commencement de la *perennis philosophia ;* on voit se dessiner chez lui, d'une façon fugitive, mais par instant assez nette, les différents principes qui commanderont toute la spéculation antique ; ce que sa doctrine contient de pessimiste et ce qu'il y joint de préoccupations métaphysico-éthiques le relie encore pour le fond aux poètes mythologues ou gnomiques, mais le rattache aussi, quant à la manière dont il juge l'homme et la vie, à des philosophes postérieurs qui se souviendront à peine de son nom.

III. *Anaximène.* — Milet donna aussi le jour à Anaximène. Ce philosophe florissait vers 548 et mourut vers 525. Il entendit Anaximandre, auquel il se montre parfois inférieur, mais souvent il le corrige et lui ajoute. Il perfectionna sa philosophie sur deux points très importants.

En premier lieu, trouvant sans doute trop irréel l'indéterminé d'Anaximandre, et répugnant à voir dans l'eau de Thalès le type d'une matière première sans qualités, il fit de l'air le principe des choses. On penserait à tort qu'il voulait, pour son principe, un minimum de détermination, car il appelle aussi son air indéterminé ; mais du moins l'air lui semble-t-il posséder, avec la réalité qui manque au principe d'Anaximandre tel que ce dernier le présente, ce degré d'indétermination qu'il lui veut conserver et qu'on ne saurait reconnaître à l'eau de Thalès. L'air lui paraît d'autant plus apte à jouer le rôle qu'il lui attribue, que c'est de tous les corps le plus mobile : quel autre est plus digne d'être regardé comme animé que celui dont l'un des noms est synonyme d'âme ? Il faut que la matière rende compte par elle-même du mouvement qui est en elle, car sans cela serait-elle divine ? Or elle doit l'être, et si l'air est la matière primordiale, son mouvement s'explique immédiatement. Quoi de plus simple que l'air, dont la notion n'est pourtant point évanouissante ? Quoi de plus actif ? Il contient tout, il est en tout, il est tout, il gouverne tout ; éternel et toujours égal à lui-même, il est l'étoffe dont se forment et ce en quoi se résorbent indéfiniment les mondes ; il est le divin même, les grands corps qui se produisent dans son sein étant seulement des dieux périssables. Il est peu probable qu'Anaximène, comme d'ailleurs Anaximandre (?) n'ait été infinitiste qu'en ce qui concerne le temps et non en ce qui concerne l'espace, bien qu'en somme, l'importance de l'affirmation ou de la négation de l'infini spatial ne leur soit point apparue. Mais comme celui-ci, Anaximène, hylozoïste à tendance panthéistique, se plaît à assimiler l'univers à la loi qui le régit, à une nécessité intelligible qui est aussi justice ; son mécanisme se mêle de plus de dynamisme, d'un dynanisme plus proche du spiritualisme.

En second lieu, Anaximène exprima nettement une théorie qui seulement s'ébauche chez son prédécesseur ; il attribua à la condensation et à la raréfaction, effets directs du mouvement naturel de la matière, la formation de tous les corps, sans plus privilégier l'humide et le chaud, sans plus prêter au soupçon de n'avoir pas renoncé à l'idée de transmutation. L'air en s'épaisissant devient vent, puis nuée, puis eau, puis terre, puis pierre ; en se raréfiant, il devient feu. Toutes les qualités sensibles résultent de ces deux effets du mouvement ; mais il en est quelques-unes dont la perception est relative aux conditions dans lesquelles elles s'offrent à nos sens. Cette relativité est tout objective à ses yeux, mais le premier germe de la doctrine subjectiviste est là.

Malheureusement il renonça, pour rétrograder jusqu'à Thalès, à la sphère d'Anaximandre ; pour lui, le soleil circule, la nuit, derrière de très hautes montagnes ou peut-être très loin du disque terrestre, en dehors de notre univers, dans l'air où baignent d'autres mondes. Son explication des astres par des vapeurs humides parties de la terre et qui vont, s'échauffant en se dilatant, briller haut dans le ciel d'où leur chaleur, exception faite pour celle du soleil, ne nous parvient pas à cause de leur distance, vaut tout autant par l'esprit inventif qu'elle dénote, et aussi peu prise en elle-même, que l'explication proposée par Anaximandre. Mais, en revanche, il sut distinguer les étoiles fixes des autres ; il les attachait à la voûte céleste comme à un bonnet, et il faisait errer, libres dans l'espace, la lune, le soleil et les cinq planètes connues à l'intérieur de la demi-sphère qui recouvre la terre. S'il aplatit inutilement la terre et les astres afin de mieux rendre compte, croyait-il, de leur équilibre — telles des feuilles portées par l'air —, s'il doubla l'être lumineux des astres d'un être terreux susceptible de nous les cacher parfois, il essaya, d'un très grand nombre de phénomènes atmosphériques, des théories souvent plus qu'ingénieuses et qui prouvent une sagacité géniale pour l'époque.

IV. *Diogène d'Apollonie.* — Toute école a ses attardés, les plus primitives comme les autres. Hippon de Samos (ou de Rhégium ou de Métaponte) essaya, mais maladroitement, de rejoindre Thalès au temps de Périklès ; et, pour ne rien dire du sicilien Idæos d'Himera, Diogène d'Apollonie, un crétois contemporain d'Anaxagore, reprit les doctrines d'Anaximène. C'était un peu hardi, car les premiers philosophes avaient été dépassés. Cependant, Diogène est loin d'être négligeable.

L'air est pour lui le premier principe ; il en parle à peu près comme Anaximène, mais voyant mieux quelles difficultés de détail soulève cette opinion, il s'applique à montrer comment l'air peut suffire à expliquer le monde. On a conscience, alors, jusqu'à un certain point, de l'importance et de la spécificité du psychique; on sent qu'il faut en rendre compte aussi bien que de la formation des corps. D'autre part, le rôle de l'esprit a apparu à beaucoup comme devant être bien plus considérable dans l'organisation du monde qu'on ne l'avait pensé d'abord. C'est pourquoi Anaximène, qui d'ailleurs ne veut point renoncer au monisme, attribue à sa matière première, expressément, la connaissance et la raison ; il la rend digne d'être célébrée dans les termes mêmes qu'il conviendrait d'employer pour le *Nous* d'Anaxagore. Et il cherche, dans les propriétés d'un air graduellement moins humide et plus léger, la cause des propriétés vitales, de l'activité sensorielle et de l'activité rationnelle ; il institue une anatomie et une physiologie afin de montrer comment les veines, le cœur et le cerveau concourent à amener les plus merveilleuses de toutes les transformations de l'air. D'Anaximène, il retient aussi fermement la théorie de condensation et de la raréfaction ; celle-ci lui semble toujours postérieure.

C'est ainsi que peu à peu, même chez les penseurs qui abandonnent le plus vite l'observation du réel pour se fier davantage aux divinations de l'esprit, jusqu'à la méditation des hypothèses métaphysiques les plus naïves réussit à accroître le trésor de la spéculation grecque, à lui faire produire des idées intéressantes et fécondes. Mais l'école dont nous venons d'esquisser l'histoire a pour principal honneur d'avoir suscité, un peu en dehors d'elle, il le faut reconnaître, le grand Héraklite.

CHAPITRE III

Héraklite.

Héraklite subit l'influence des idées de Thalès et d'Anaximandre, mais il dut vraisemblablement aux Pythagoriciens son idée du rythme universel. D'autre part, ce sont les ambitieuses spéculations des uns et des autres qui lui inspirèrent son dédain si marqué pour la polymathie ; il les met au même rang qu'Hésiode. Il veut être, et il y réussit en grande partie, un penseur indépendant ; aussi ne doit-on pas se préoccuper beaucoup de la date de son *acmé ;* il importe même assez peu de savoir qu'il fut en relation avec les Eléates dont le paradoxe, inverse du sien, l'invitait à exagérer sa propre doctrine. Mais malgré sa profonde originalité, il convient de ne pas le séparer des premiers Ioniens, car si l'objet propre de ses méditations est le devenir plutôt que l'être, il traite du premier d'une manière analogue à celle dont ces philosophes parlaient du second ; le choix d'une matière première lui paraît comme à eux le point capital d'une théorie de l'univers. En réalité, c'est à l'Egypte qu'Héraklite doit le plus ; l'importance, chez lui, de l'élément igné et lumineux, le rôle intellectuel et artiste qu'il reconnaît au principe des choses, le sort qu'il attribue aux âmes avant et après la mort, ses constantes antithèses et jusqu'à la forme qu'il leur donne rappellent des conceptions, des rites, des hymnes, des aphorismes égyptiens.

L'obscur et hautain philosophe d'Ephèse florissait vers 502 ; il écrivit, pendant le premier quart du ve siècle, une œuvre dont il nous reste peu de chose et qui est bien moins scientifique que celle d'un Anaximandre ou d'un Anaximène, mais d'une richesse philosophique très supérieure. De noble race et d'un caractère très droit, très élevé et non moins ombrageux, il abhorra la démocratie, les préjugés de la foule qui ne comprend rien à l'œuvre du Verbe, l'envie du populaire et la présomption des habiles ; il lutta pour la défense du gouvernement aristocratique et finit par fuir ses contemporains. Avant de mourir, il confia son manuscrit au temple d'Artémis.

Son tempérament intellectuel est remarquable. Au dehors, il voit partout la contradiction et la guerre ; au dedans, partout des entraves à la recherche du vrai moral ; et pourtant il ne devient pas sceptique ; il pose comme certaine la double loi de l'écoulement perpétuel et de l'universelle opposition. Autant il se défie de l'appareil artificiel des démonstrations subtiles, autant il croit à sa raison qui proclame la loi suprême du monde ; il lui semble que, de cette loi, sa raison possède une intuition supérieure à tout raisonnement. Il affirme de même l'harmonie des contraires, le gouvernement de l'univers par la raison, la valeur absolue de toutes les opinions théoriques ou pratiques que celle-ci engendre — souvent en s'attristant de les engendrer — et qu'elle oppose aux inepties de la pensée commune dont cependant elle ne se juge pas totalement absente. S'il est un ancien dont la mentalité peut être rapprochée de celle de Pascal, c'est bien Héraklite.

Le feu, suivant lui, est l'élément le plus propre à rendre compte du changement éternel des choses, car son essence est la mobilité, la mobilité d'une chose qui paraît active par elle-même. Si tout est feu, tout doit sans cesse changer. Comment le feu devient-il eau, et l'eau terre et souffle sec ou igné, ou air ? Comment la terre redevient-elle de l'eau, de l'eau qui refait de la terre et du souffle sec ? Comment l'eau régénère-t-elle le feu, que déjà reconstitue le souffle sec qui s'élève des basses régions, à moins que ce souffle ne se dissolve d'abord en eau ? Quel est le mécanisme de la transformation descendante et de la transformation ascendante ? Condensation et raréfaction, ou transsubstantiation ? Héraklite ne s'explique pas sur ces divers points. La disparition de l'eau est-elle ce qui explique l'embrasement, et y a-t-il, dans l'état produit par l'embrasement, qui détruit tout ce qui est sec, de quoi comprendre la production subséquente de l'humide ? Comment se fait-il que, malgré les transformations de détail où le hasard paraît jouer un rôle, l'embrasement total revienne toujours après dix mille huit cents ans ? Tout se passe comme si le rythme dynamique suivant lequel s'allume et s'éteint le feu était réglé par un principe plus nettement intellectuel et volontaire, plus personnel que la raison —

assez abstraite il en faut convenir — qu'il nous présente comme immanente au feu et une avec lui ; comment donc, malgré les détours et les hasards des transformations partielles, le rythme suivant lequel le Tout s'éteint et se rallume indéfiniment est-il si régulier ? Il serait inutile de presser les textes héraklitéens pour trouver une réponse satisfaisante à toutes ces difficultés.

C'est qu'Héraklite n'est point un physicien de race ; dès qu'il sort du domaine de la pure métaphysique, ses intuitions sont dépourvues de toute valeur. Il revient à la conception d'une terre plate exhalant des vapeurs qu'alimentent le feu si elles sont brillantes, et l'eau si elles sont obscures ; les astres ne sont pour lui que des bassins renversés circulant on ne sait pourquoi dans le ciel ; des vapeurs nées de la terre entretiennent le feu de ces bassins ; celui du soleil ou de la lune se retournent-ils entièrement, voilà une éclipse totale ; un retournement partiel explique l'éclipse partielle, et les phases de la lune ; la supériorité lumineuse du soleil, large d'un pied probablement, vient de ce qu'il se trouve dans une atmosphère plus pure que celle de la lune par exemple ; toutes les planètes et les étoiles sont au delà du soleil ; elles nous échauffent moins que lui à cause de leur distance ; l'orage est produit par l'embrasement des nuages ; les vicissitudes des vapeurs engendrent le jour et la nuit, victoires, l'un des vapeurs brillantes, l'autre des vapeurs obscures : l'alternative des saisons s'explique d'une façon analogue ; la mer est salée parce qu'elle est la sueur de la terre, etc. Bref, la science recule, avec Héraklite, vers des idées pareilles à celles des premiers penseurs grecs ou même à celles des mythologues égyptiens.

Mais en revanche, que l'Héraklite métaphysicien est profond ! Avant Anaxagore, mais en moniste, il discerne dans l'univers la part de l'esprit mieux que les premiers Ioniens. Il le déclare mêlé à toute chose, cause première de tout événement ; c'est pour rendre le monde plus pleinement intelligible qu'il assimile l'un à l'autre le feu et le *Logos*. Par cette identification, il se prive de pouvoir construire une théorie mécaniste, même modérée, de l'univers, et il risque de rendre inexplicables la conscience humaine et la personnalité divine. Mais d'autre part il accentue la nécessité, qu'on n'oubliera plus guère en aucun temps, de remonter jusqu'à l'âme, jusqu'au divin, pour rendre intelligible... l'intelligibilité des choses ; et n'est-il pas naturel, à qui identifie l'être et l'activité, d'identifier aussi l'être avec la loi ? Le *Logos* d'Héraklite, au reste, manœuvre les éléments avec une sorte de respect pour les lois naturelles de leurs transformations. Ce *Logos* gêne-t-il beaucoup plus le physicien que ne font des conceptions finalistes plus récentes et plus subtiles ? Non, sans doute. On ne voit pas bien comment ce *Logos* est à la fois lui-même et le feu, le feu et le reste, comment il est tout et pourtant davantage le fond des choses que leurs divers états, le meilleur de ce qui est plutôt que le pire ? Mais ces difficultés sont inhérentes à toutes les doctrines auxquelles convient plus ou moins le nom de panthéistiques, et quand même le feu ne serait point divin, il ne serait pas moins mystérieux qu'il soit à la fois éternel et nonobstant sans cesse en voie d'extinction ou de régénération. Quelque monothéiste que l'on soit, arrive-t-on à délimiter assez bien la sphère du pur divin pour être sûr de ne pas faire tort à Dieu soit dans la mesure où l'on distingue de lui l'univers, soit dans la mesure où l'on veut le retrouver encore dans l'univers ? Soyons donc indulgents à Héraklite théologien.

Et ne lui reprochons pas non plus trop vivement d'avoir poussé aussi loin qu'il le fit la doctrine de l'opposition et de la contradiction universelles ; mieux vaut le plus souvent affirmer à la fois, avec les réserves nécessaires sans doute, la thèse et l'antithèse, que de rejeter absolument l'une ou l'autre ; on ne risque, ainsi, que d'exagérer des vérités, tandis qu'en supprimant tout à fait l'une des deux, il y de grandes chances pour que l'on erre tout à fait sur un point. Assez puérils et artificiels sont certains couples d'affirmations et de négations qu'il se plaît à commenter avec une sombre éloquence, mais ce serait fausser sa pensée que de lui attribuer l'intention de nier toutes ses affirmations, celles du oui par celles du non et celles du non par celles du oui ; ce n'est pas l'être qu'il rejette, mais sa fixité qu'il conteste, avec excès souvent, mais il y a de la vérité dans son paradoxe aux yeux de la science la plus moderne ; il veut dire seulement que tout change et qu'il y a en toutes choses des tendances, des mouvements divers jusqu'à la contradiction. Mais de cela il s'irrite comme de ce qui ne devrait pas être s'il s'agit de choses morales ; et, s'il s'agit d'autres choses, il croit, sagement, que de la lutte et de l'opposition résultent des harmonies multiples, et non seulement des ruines et des haines ; il dirait volontiers qu'une intelligence parfaite comprend ce qui nous scandalise. Rien d'un Eléate nihiliste chez lui, ni d'un Hégelien anticipé ; il a, ce qui vaut mieux, le courage de s'avouer que l'esprit est au-dessous de la tâche qu'il assume lorsqu'il ambitionne de tout comprendre. De plus grands verront moins que lui la complexité et la relativité des choses, ou, s'ils les voient, auront la faiblesse d'en tirer des arguments en faveur du scepticisme ; lui, il apprend plutôt par là la résignation à la loi qu'impose aux choses une Raison dont il ne doute jamais ; elle est morale pour lui, cette Raison, et le nom de nécessité ne lui convient pas sans réserves ; de même le feu, qui est comme la face concrète du *Logos*, n'est point aux yeux d'Héraclite un agent exclusivement mécanique.

Les dieux de ses contemporains ne lui sauraient convenir, mais son Dieu circule par tout l'univers ; la pensée de chacun des hommes participe à la nature divine, qui se décèle dans les jugements communs, qui s'exprime dans les lois admises par les cités, qui proclame tous les préceptes conseillant la modération, la sagesse, le courage, l'amour du vrai et le souci de la dignité personnelle. Toute croyance vraie est un hommage à cette raison ; l'indifférence au vrai est sacrilège, ainsi que l'impertinence d'avoir une sagesse à soi ; celui qui lutte contre ses passions se purifie, l'autre souille son âme qui de feu redevient eau, matière inférieure et méprisable. La métaphysique et la morale des Stoïciens sont préformées dans l'Héraclitéisme, comme le théisme d'Anaxagore et celui de Platon ; même, Héraklite alluma, comme Pythagore, le flambeau mystique : théologie et métaphysique, métaphysique et morale s'unissent plus fortement encore chez lui que chez ce dernier. Le mauvais physicien d'Éphèse est plus près de nos philosophies que ses prédécesseurs et ses contemporains.

Et le premier, il ébaucha la psychologie. Identifier l'âme avec l'air igné, tout en lui donnant d'ailleurs l'eau pour origine, croire que la respiration entretient l'âme, expliquer le sommeil par une moindre pénétration et la mort par une pénétration nulle de l'air igné dans notre corps est sans doute puéril ; de même, rendre compte de la sagesse par la sécheresse de l'air inhalé et du vice par l'humidité de cet air. Mais faire du *Logos*, dont l'idée prédomine, chez lui, sur l'idée de sa matière, la substance même de l'âme, est une vue de génie. Héraklite décrit assez maladroitement les causes internes de nos perceptions erronées, mais il voit nettement que la constitution de nos sens influe sur nos sensations ; il dénonce leur faiblesse et se rend compte des empêchements que rencontre notre faculté de sentir dans la complexité des choses ; il ose, au nom de la raison, révoquer en doute l'évidence sensible dont toute la force est dans notre croyance illusoire à la permanence des choses. Le dogmatisme n'a pas d'ancêtre plus authentique, bien que des Sophistes soient nés dans le sillon qu'il creusa.

Il paraît avoir cru à la persistance de l'âme, à celle même de l'individualité après la mort, et admis des sanctions ultra-terrestres ; il croyait aussi à la préexistence des âmes ; mais, en tout ceci, il se rapproche davantage des Egyptiens que d'autres Grecs ; point de métempsychose, mais, pour les bons, une fois la mort traversée, le rôle de génies protecteurs ; pour les méchants, une dégradation rapide de leur âme pauvre en souffle igné. Avant de vivre, nous étions déjà, mais la préexistence elle-même a commencé. Et l'existence future est passagère comme tout le reste, car les dieux que nous sommes sont des dieux mortels, soumis à la même loi que tous les autres êtres de l'univers.

S'il n'est que juste de ne pas prendre au pied de la lettre les formules d'Héraklite qui tendraient à nier toute distinction, toute vérité et tout être, il faut reconnaître aussi qu'il est quelque peu responsable des exagérations de son disciple Kratyle, pour qui il était même inexact de dire que l'on s'était baigné une fois dans un fleuve, et qui, pareil aux Sophistes, abusait de certaines particularités de langage pour démontrer que toute pensée cohérente est impossible. Kratyle est pourtant le trait d'union entre Héraklite et Platon qui recueillit, avant les Stoïciens, la meilleure part de l'héritage du grand Ephésien.

CHAPITRE IV

Pythagore et les Pythagoriciens.

L'aube de la spéculation pythagoricienne est un peu antérieure à l'apparition de l'Héraclitéisme. Il semble au premier abord que chez les chercheurs savants et mystiques qu'Héraclite dédaignait, il n'y ait de philosophique que le vague ou l'arbitraire de certaines théories scientifiques et l'inévitable alliage métaphysique de la pensée religieuse ; de plus, le Pythagorisme fut éminemment une école de moralité pratique individuelle et sociale, voire de sainteté. Pourtant, sans parler même de l'influence immédiate ou lointaine qu'il exerça sur tant de courants philosophiques, il est bien aussi une philosophie, et ne l'est pas seulement grâce aux idées générales dont il dota la science. Il se relie si intimement aux Mystères, à l'Orphisme surtout, qu'on ne peut toujours distinguer exactement ce qu'il en reçut et ce qu'il leur donna. Plus tard, les Pythagoriciens se devaient plaindre qu'on leur prît, sans les nommer, de nombreuses idées dignes d'être plus que celles d'une école, pour ne leur laisser en propre que le déchet de leurs longues spéculations.

Pythagore de Samos florissait vers 522 ; il était né vers 580 et il mourut en 500. Il dut fuir sa patrie où régnait le tyran Polykrate ; après une période de voyages au cours desquels il s'initia à la sagesse égyptienne, il alla fonder en Grande Grèce, à Krotone, une communauté qui eut vite des imitatrices. Ses disciples, hommes et femmes, pratiquaient à son exemple les vertus dont la doctrine du maître — qui n'écrivait point — déduisait l'obligation. D'abord la puissance de ces communautés, politiques autant que religieuses, zélées, mais aristocratiques et jalouses, s'exerça pour le plus grand bien moral et matériel du pays, mais peu à peu elles lui devinrent à charge ; on les extermina partout, et Pythagore périt lui-même dans l'incendie de son monastère de Métaponte. Mais ses disciples survivants, bien accueillis en Grèce, conservèrent au monde le meilleur de ses doctrines : leur fidélité enthousiaste au maître leur inspira un tel oubli de leur propre gloire, que nous risquons, en les écoutant, de trop attribuer à Pythagore.

On ne peut douter cependant qu'il n'ait découvert, quelque peu servi par le hasard, la correspondance des hauteurs relatives des sons avec des rapports numériques ; ni qu'il ait établi des listes de choses étonnantes par la double similitude des particularités quantitatives qu'on y remarque et des propriétés ou des aspects plus concrets qu'elles présentent; ni que le symbolisme du monde physique l'ait sans cesse préoccupé ; ni même qu'il ait regardé les propriétés mathématiques des choses comme ayant une portée métaphysique et religieuse. On sait avec certitude qu'il ébaucha l'astronomie dont s'enorgueillit son école, qu'il fit des découvertes géométriques et arithmétiques importantes. Il imagina la musique des sphères célestes, dont le mouvement et les distances lui semblaient répondre à des nombres, à des proportions remarquables ; il professa la métempsychose et le retour éternel du monde à toutes les étapes de l'existence qu'il a traversées une fois. Sa physique est un peu moins immatérialiste qu'on ne le pensa longtemps, car rien ne pouvait encore favoriser une conception aussi analogue aux idées platoniciennes que celle de l'être identique au nombre ; sa morale, enfin, ne dut pas être tout à fait celle qu'on lui attribua. Tout bien considéré, il est plus prudent d'exposer le Pythagorisme en général que d'exposer la doctrine de Pythagore seul, puis celle de ses continuateurs.

Le jour devait arriver, dans l'école, où le physique et jusqu'au moral seraient totalement identifiés avec le nombre. Une unité supérieure, ouvrière d'harmonie, devait être regardée comme opérant le mélange de la limite et de l'illimité, de la limite toute pareille à l'impair, qui s'oppose à toute division, et de l'illimité pareil au pair, qui se prête à la division. De l'unité au sens restreint, qui est impaire, et de la pluralité dont le type premier est la dyade, laquelle est paire, on devait tirer le droit et le gauche, le masculin et le féminin, le lumineux et l'obscur, le bien et le mal, le carré et le rectangle, puis tous les corps et toutes les âmes, avec leurs propriétés et vertus. Mais d'abord on ne fit que construire, d'une part un symbolisme mathématique des choses, et d'autre part une physique timidement mathématique ; les deux parties de la doctrine se rejoignirent ensuite et se sublimèrent de la façon qui a été dite. N'était-il naturel de fondre la notion de Dieu et celle de la monade suprême ? d'assimiler le *Kosmos* borné par le ciel au limité, l'air infini qui l'entoure à l'illimité ? puis d'expliquer, dans ce monde, tous les solides avec leurs formes et leurs propriétés et jusqu'aux âmes — toujours plus ou moins matérielles pour les anciens — par un mélange d'air et de matières cosmiques identifiées : l'un, à l'infini extra-cosmique entré dans le *Kosmos*, au pair, au divers, au divisible ; l'autre, au fini, à l'impair, à l'indivisible en soi ? L'intervention du continu illimité dans le sein de la sphère qu'il enferme rendait assez bien compte de la diversité et de la multiplicité qui s'y remarque : grâce à une sorte d'atomistique où l'air jouait le rôle qu'une autre école devait attribuer au vide, la combinaison des deux principes expliquait la formation de toutes choses.

Dans cette doctrine dynamiste et mystique, le mécanisme et le mathématisme universels étaient en germe dès le début, et le paradoxe où l'on s'arrêta était inévitable. Le nombre, qui rend intelligible les choses, les événements et leurs rapports, devaient donner l'illusion d'être l'essence même de ce qu'il faisait si bien comprendre ; car non seulement il est conforme au dogmatisme naturel de l'homme de confondre l'être et les conditions de son intelligibilité, et naturel à un âge superstitieux d'exagérer sans mesure l'importance du nombre, si surtout il arrive que l'expérience semble confirmer cette vue, mais l'indépendance souveraine des qualités mathématiques par rapport aux sensibles qui leur sont au contraire relatives, la possibilité d'exprimer en langage arithmétique tout le géométrique, dont le caractère, à demi physique puisque sensible, est par là même propre à se refléter sur les notions abstraites de la pure mathématique : autant de raisons qui aident à voir comment les Pythagoriciens purent sérieusement dire que le point c'est 1, la ligne 2, la surface 3, le volume 4, et même la santé 7, l'année 8, la justice 4. Il était tout indiqué, pour eux, de faire de l'âme une harmonie et de concevoir le monde, « qui respire en mesure », comme un solide animé par une âme qui est aussi une telle harmonie. Le nombre 10 étant parfait comme composé des quatre premiers, si parfaits déjà, il leur parut juste de supposer une Antiterre pour parfaire la décade planétaire, qui ne pouvait manquer d'exister. Une fois le nombre divinisé, il n'y a plus de physique admissible qui ne soit mathématique ; un enthousiasme esthético-mystique remplace l'attitude critique ; et moins les théories que l'on imagine sont concrètes, plus elles ont de chances d'agréer.

On aurait tort malgré tout de trop reprocher aux Pythagoriciens d'avoir cru à des rêves : ils ont tenté d'élaborer une science qui dépasse la compétence de l'homme ; mais, de cette science, l'idée n'est point absurde en soi ; et il n'est pas de philosophe idéaliste qui ne doive reconnaître en eux des précurseurs. N'est-il pas vrai aussi que la partie la plus abstraite de la mathématique doit avoir le pas sur la géométrie, sur la physique entière ? Et ils n'ont pas cultivé que la mathématique pure. De très bonne heure, ils admirent la sphéricité de la terre, qu'ils firent tourner autour d'un feu central auquel, disaient-ils, elle présentait toujours la même face, la face opposée à celle que nous habitons. Cette révolution rendait compte du jour et de la nuit. Sphériques aussi, suivant eux, le soleil dont ils connurent le mouvement annuel ; la lune, qu'ils firent tourner comme le soleil et la terre autour du centre universel, de l'*Hestia* du monde, mais en un mois ; les planètes enfin et les étoiles dites fixes, auxquelles ils paraissent avoir attribué un mouvement lent. Ils enseignaient l'inclinaison du plan du mouvement du soleil et ils purent, en combinant les observations faites par d'autres avec leurs propres découvertes, expliquer les saisons. Tel était, du temps de Sokrate, le plus important de la science de Philolaos. Ekphante (ou Hikétas) devait faire tourner la terre autour de son axe ; Héraklide, faire tourner Mercure et Vénus autour du soleil ; puis, Mars leur fut adjoint ; et en 286, Aristarque de Samos proclama vraie la théorie qui fait la gloire de Copernic. Un examen plus complet du ciel, et la diffusion de récits de lointains voyages qui n'avaient révélé ni le feu central, ni l'Antiterre, avaient peu à peu fait délaisser la plupart des erreurs professées d'abord, celles dont nous avons parlé et d'autres, comme l'absorption, par un soleil vitreux et poreux, de la lumière issue de la voûte céleste.

C'est ainsi que ces mystiques faisaient avancer le savoir positif; et non seulement ils eurent, grâce à la pratique de l'observation astronomique, l'intuition de l'universelle détermination du monde physique et même du caractère rigoureusement mathématique de cette détermination ; mais ils eurent aussi, dans d'autres sciences, une tendance très marquée à suivre de près l'expérience, qui avait révélé le principe de l'acoustique à leur maître : témoin les travaux d'Alkméon de Krotone, contemporain de Pythagore et moins hardi que lui, qui logea la sensibilité dans le cerveau, distingua des nerfs sensitifs, décrivit nombre de conditions physiologiques de la perception sensible, esquissa la première explication de l'intelligence par la complication de facultés plus humbles, et présenta la santé comme un équilibre défini entre les éléments corporels. Que les Pythagoriciens n'ont-ils développé l'atomistique qu'ils ébauchèrent et qu'ils auraient évité de rendre matérialiste comme devait faire Démokrite ! Peut-être eussent-ils épargné au monde l'Epicurisme !

Il ne faut point sourire de la théorie du retour éternel : tout déterminisme est finalement obligé de l'admettre s'il veut être logique. Pourtant, le Dieu auquel ils arrivèrent, le caractère hautement libertiste de leur morale et leur croyance à l'union définitive de l'âme avec Dieu s'accordent mal avec le déterminisme de leur physique et avec la théorie du retour éternel, qui, il est vrai, limite le nombre des réincarnations en chacune des vies successives de l'univers, mais ne permet pas aux âmes de se fondre à jamais avec la monade suprême. C'est dans l'Inde, sans doute, que fut l'origine de la croyance orphique et pythagoricienne à la métempsychose et à l'union des âmes avec le premier principe ; l'Egypte dut fournir ce qui s'y mêla de plus moral. Quelque panthéisme gâte le noble panenthéisme qui se déploie, dans l'Orphisme ou le Pythagorisme, en pensées, en mythes, en rites profonds et poétiques ; mais les renaissances conditionnées par les degrés divers du mérite ou du démérite acquis pendant la vie, et les expiations intercalées par les Orphiques, puis par les Pythagoriciens entre la mort et le passage des âmes en d'autres corps en attendant la rédemption totale, demeurent des conceptions très hautes dont le caractère en partie puéril ne diminue en rien la sublimité morale.

Deux points sont spécialement remarquables en leur éthique : un souci très net et très vif de la perfection individuelle, qui leur est commun avec l'Orphisme, et un souci non moindre du salut moral d'autrui, les autres étant envisagés comme individus tout autant que comme membres d'une collectivité dont le bien est souhaitable. L'examen de conscience est à la base de leur régime moral, comme la tempérance, poussée jusqu'au végétarisme, est le premier article de leur régime physique, et comme la communauté des biens jointe à l'obéissance au maître forment les deux règles fondamentales de leur régime social. On a imaginé bien des fables sur l'enseignement secret de Pythagore ; tout porte à croire que son enseignement était seulement gradué de façon à correspondre aux divers degrés d'avancement intellectuel et spirituel des disciples. Si ceux-ci furent jaloux de leurs connaissances, ils laissèrent cependant se répandre les plus importantes. L'obscurité de certains de leurs dogmes et la singularité de certaines de leurs habitudes ne pouvaient manquer de donner à l'Ordre pythagoricien l'apparence d'un ensemble d'hommes initiés à des doctrines secrètes. Quoi qu'il en soit, ils ont élaboré des idées de toute sorte avec une originalité incontestable, une puissance merveilleuse et un sens de la réalité suprasensible qui les recommanda à l'attention de Platon, de Plotin, et aussi des Stoïciens. La spéculation chrétienne leur doit plus encore qu'à Héraklite : celui-ci a introduit dans le monde l'idée du Verbe créateur, mais les Pythagoriciens ont directement préludé à la morale et à la mystique chrétiennes, et ils ont esquissé des théories qui sont devenues la science même ; ils sont même les inventeurs de plusieurs idées, de plusieurs démonstrations où l'on n'a rien eu à modifier.

CHAPITRE V

Xénophane, Parménide, Zénon, Mélissos.

I. *Xénophane*. — Ce n'est pas sans d'expresses réserves que l'on peut placer Xénophane, de Kolophon, en tête de la liste des Eléates. C'était un pauvre rhapsode, de tempérament à la fois épique et satirique, qui chercha à Elée une nouvelle patrie, quand la sienne subit le joug des Perses ; il voyagea sans cesse, composant des vers dont peu nous sont parvenus. Il était né en 570, et il mourut vers 478. Il fut connu d'Héraklite et connut les Pythagoriciens, mais leur doctrine, pas plus que celle d'Anaximandre, ne le pouvait satisfaire. Peu dogmatique par nature, presque sceptique même, mais, bien qu'inapte à la réflexion scientifique, très curieux des phénomènes naturels, doué, au reste, d'un solide bon sens et d'une grande rectitude morale qui s'unissait à un sentiment religieux pur de superstition, il fut tout ensemble l'adversaire des philosophes de son temps, du polythéisme vulgaire et de toutes les erreurs conventionnelles dont s'autorisent l'orgueil, la faiblesse et la sottise des hommes. Mais il édifia peu, ou peu solidement, et ce n'est qu'une rencontre s'il se trouva un Parménide pour développer des idées dont il s'était avisé et qu'il avait semées, le plus souvent, en ironiste et sans trop y tenir.

On a fait bien à la légère un savant de Xénophane ; s'il aperçut dans les fossiles la preuve d'anciennes et lentes transformations géologiques et s'il eut l'un des premiers l'idée d'un progrès scientifique, sa croyance à l'origine terreuse ou aqueuse de tous les êtres, sa conception du retour périodique des choses au mélange des deux éléments, son affirmation que la terre est plate avec des racines infinies et que les astres ne sont qu'un résultat, nouveau chaque fois qu'ils brillent, de vapeurs issues de notre séjour, etc., autant d'opinions qui ne lui font pas grand honneur.

Mais cet ancêtre des Sophistes, d'après lequel l'homme ne saurait pas qu'il possède la vérité au cas où il la tiendrait, s'exprime mieux sur la divinité que bien d'autres et paraît singulièrement sûr d'en bien parler. Condamnant l'anthropomorphisme ridicule des hommes de toute race, qui se font des dieux semblables à eux — ainsi feraient les bœufs et les lions, s'ils étaient religieux —, il maintient cependant que le Dieu véritable voit, entend et pense par tout ce qu'il est; les dieux inférieurs que gouverne ce Dieu ne sont pas ceux de la foule. Sa conscience et sa raison proclament que l'on doit penser ainsi du divin. Il cède néanmoins à la tendance générale de son époque, en faisant de Dieu l'unité du monde; mais ce naturaliste est loin du matérialisme.

L'Un est tout, mais, des êtres particuliers, il n'a point le masque.

Le reste de sa métaphysique est assez ambigu ; quand il approche la science, il devient aussitôt moins clair et moins intéressant. Aussi fut-il facile, étant donné telles de ses opinions, d'y voir comme des divinations de la doctrine de Parménide ou de Zénon, qu'elles pouvaient favoriser. Avec l'éternité du monde, il proclamait son infinité ; Parménide est finitiste, mais qu'importe ? Comme lui et avant lui, Xénophane a dit le monde immobile, au moins dans son ensemble, et homogène aussi, quoiqu'il soit moins ferme sur ce dernier point. Xénophane, songeant sans doute à la surface de la terre, qu'il croyait infinie, la déclarait égale de tous les côtés ; c'en est assez pour qu'on prétende qu'il faisait le monde sphérique avant Parménide. Il se croyait obligé de nier le mouvement diurne pour cette raison déjà qu'il ne jugeait pas le monde sphérique ; de plus, n'admettant pas la finité du Tout, il pensait devoir en nier le mouvement comme la sphéricité. Mais on néglige cela ; n'avait-il pas insisté sur le caractère trompeur des apparences et sur l'égale faiblesse des thèses opposées que les habiles savent rendre également vraisemblables ? Donc, affirme-t-on, les antinomies de Zénon sont en germe chez lui. Qu'il est donc facile d'écrire de mauvaise histoire qui paraît vraie !

Quoi qu'il en soit, il y avait dans ses théories au moins un peu de quoi conduire à cette sorte de nihilisme qui caractérise un des aspects de l'Eléatisme, et au monisme hyperbolique qui en caractérise un autre aspect. Mais sa doctrine nous apparaîtrait moins significative et moins riche si Parménide, Zénon et Mélissos n'eussent point existé !

II. *Parménide.* — Le véritable fondateur de l'école dite éléate naquit vers l'an 512 à Elée, où passait et repassait Xénophane. Il appartenait à une famille puissante et fit œuvre de législateur. On a des raisons de regretter d'être peu renseigné sur ses idées morales ; mais en revanche, il nous est parvenu assez de son poème sur la Nature pour bien connaître son ou plutôt ses deux systèmes du monde. Il se faut garder de le croire clairement conscient de toute la valeur de certaines de ses conceptions ; mais il est l'un des Antésocratiques dont les intuitions anticipent le plus sur l'avenir. Il inventa, en effet, l'idée de la dualité du savoir ; il aperçut l'hétérogénéité radicale de la recherche qui porte sur le phénoménal et de celle qui porte sur l'être. Il professa même que, de ces deux recherches, la première est comme une affirmation du non-être à l'exclusion de l'être, la seconde l'affirmation et l'exclusion inverses. Ce que nous nommons métaphysique et ce que nous nommons science, il le regarda également comme devant être construit sans aucun appel à la discipline rivale. Enfin il distingua, corrélativement aux deux savoirs, deux sortes de convictions, l'une qui est certitude et qu'apporte avec elle la vérité, évidente aux yeux du bon métaphysicien, du bon ontologiste ; l'autre dont l'exactitude n'est que probable, ou même, parlons mieux, qui se résout en la satisfaction de pouvoir introduire de l'harmonie dans la théorie des pures apparences. Il poussait si loin l'opposition par lui découverte, que d'une part, dogmatique et idéaliste jusqu'au paradoxe, il ne reculait devant aucune audace métaphysique, et que d'autre part il allait jusqu'à mépriser ce que nous appelons science. Vraies ou fausses, toutes ses idées maîtresses étaient grandement originales, et nulle d'elles ne devait être sans histoire.

Des Pythagoriciens, il retient et incorpore à sa doctrine véritable plusieurs idées très importantes, comme celles d'une physique toute conjecturale, de l'unité de l'être, de l'identité du parfait et du limité, de la sphéricité du monde ; et dans la partie de son poème où il daigne esquisser une cosmologie à l'usage des esprits qui ne se peuvent hausser jusqu'à la vraie doctrine, il mêle encore, à un système qui rappelle fort celui d'Anaximandre, des souvenirs pythagoriciens. Alkméon sans doute y fut pour quelque chose, ainsi qu'Ameinias, à qui il éleva une chapelle. Ce qu'il doit à Xénophane, nous l'avons dit, n'est pas considérable. Quant à Héraklite, il fournit à Parménide, dont il est le contemporain, l'occasion d'une critique grâce à laquelle la théorie de ce dernier acquit une clarté merveilleuse. Le philosophe d'Ephèse ramenait l'être au devenir, à ce qui est et n'est point, tout à la fois. L'Eléate s'indigne de voir l'être et le non-être réunis, le non-être intégré dans l'être, assimilé à l'être ; pareil à la foule, l'Ephésien est dupe de l'apparence ; comme lui, elle se contredit, mais le philosophe fait pis qu'elle ; s'étant avisé qu'il y a du non-être dans le donné, devait-il hésiter à nier le monde apparent ? Sans doute, tout le sensible est changement et diversité ; mais, du non-être, l'irréalité est absolue, et tout ce dans quoi il entre n'est aucunement ! Surtout, qu'on ne fasse pas du feu, qui est le type par excellence de la mobilité, le fond du réel. Ce fond, rien de sensible ne lui ressemble.

Parménide est impitoyablement logicien et dogmatique. L'être est, dit-il, et le non-être n'est pas ; il n'est d'être que pensable et exprimable, et le non-être n'est ni l'un ni l'autre. L'être ne peut avoir une naissance, car naître de l'être ne serait pas naître, et le non-être ne pourrait devenir être ; mourir en demeurant réel ne serait pas mourir, et mourir tout à fait serait engendrer comme un être qui ne serait pas ; changer n'est pas davantage possible, car ce serait encore mourir et naître. Il n'y a pas de mouvement si l'espace existe, car dans quelle étendue se mouvrait l'étendue, ni s'il n'existe pas, car où donc le mouvement aurait-il lieu ? Telle est sa logique, puissante, mais étroite, involontairement sophistique autant qu'elle est subtile. Pourtant, qu'il pouvait paraître naturel de transporter, aux qualités des choses, la permanence relative que depuis Thalès on attribuait à l'élément premier, et la permanence absolue que l'on attribuait à la quantité du tout ; de ne vouloir parler, en fin de compte, que de permanence absolue ! Et poser l'immutabilité du réel, n'était-ce pas s'obliger à nier les choses phénoménales, puis qu'elles sont données comme changeantes ? Les prestiges de la dialectique ont fait de Parménide leur première dupe en Hellade. Depuis Thalès, l'unité du fond des choses était admise de ceux mêmes qui énuméraient des principes multiples ; Parménide raisonna seulement avec plus de rigueur ; et ne faut-il pas, en un sens, le louer d'avoir voulu renoncer tout à fait à l'expédient de la métamorphose pour expliquer l'univers? De plus, sans parler de la facilité avec laquelle on confondait alors le sens absolu et le sens attributif du verbe être, il y avait chez tous les métaphysiciens de ce temps, où l'ancien animisme religieux avait laissé des traces, une tendance presque invincible à ne donner sans réserve le nom d'être qu'à l'un, au parfait, à l'éternel, à l'immuable ; cet être devenait l'indivisible, le continu, l'homogène, quand on le considérait dans l'espace. Il était bien difficile, à cette époque, de ne pas concéder aux sens la réalité de l'espace tout au moins. Zénon leur fit cette concession. La finité paraissait, aussi, inséparable de la perfection. Parménide, plus attentif que ses prédécesseurs et ses contemporains aux conséquences ou aux dessous de leurs thèses favorites, ne pouvait manquer de reléguer l'être loin du phénoménal, de nier celui-ci en face de celui-là. Etre plusieurs, devenir autre, se mouvoir, et même avoir des qualités, autant d'imperfections, autant, dans l'être, d'infractions aux conditions de l'être. Il faut, dit Parménide, que rien ne manque à l'être ; c'est pourquoi, en particulier, il le fait plein et immobile ; niant qu'un vrai néant l'entoure, et repoussant jusqu'à l'idée d'un vide relatif, il le fait limité, ce qu'exige d'ailleurs sa perfection, qui le veut aussi sphérique. Il est probable qu'un reste de préjugé vulgaire et le souvenir de Pythagore ont contribué à lui faire admettre la sphéricité. A qui nie le vide, le mouvement et la diversité doivent sembler illusoires, et l'infini n'est guère concevable à qui nie le vide absolu lui-même. La doctrine est d'une belle cohérence.

Parménide a douté du temps ; peut-être douta-t-il de l'espace, puisqu'il dit que le tout est *comme* une sphère. Mais ce doute ne fut que passager, car il professe un matérialisme, réel bien qu'assez abstrait, celui d'un cartésien avant la lettre dépouillant le réel de tout ce qui lui paraît sensible ; mais ce matérialisme est évident, bien qu'il soit pénétré de spiritualisme ; le monde est pensée et il est Dieu. Ceci n'est pas nouveau, mais il était beau de le redire ; mieux vaut le panthéisme que l'athéisme. Quoi qu'il en soit, le résultat de la doctrine est d'une extrême pauvreté : l'ivresse de l'être a tellement sublimé le réel, dans l'esprit de Parménide, qu'on se peut demander si le phénomène de penser son univers ne doit pas être regardé, de son point de vue, comme un pur néant. Et alors ?... Mais il ne s'est pas, explicitement du moins, posé cette question. Il est sorti d'embarras en dessinant un second portrait du monde, qu'il ne rattache nullement au premier — il aurait par-là même déprécié celui-ci —, et qu'il ne se soucie même pas de faire ressembler au premier autant qu'il l'aurait pu. Dans la seconde partie de son poème, il est très peu original ; il paraît lui suffire, ici, de rivaliser avec ses émules dans un domaine où il avait honte de ne pas dire son mot, bien qu'il se soit taillé ailleurs un domaine propre. Peut-on le défendre en lui supposant une foi secrète dans la possibilité de rendre toute rationnelle la science du donné ? Rien n'y autorise ; l'abîme qui sépare ses deux mondes est encore plus profond que celui que Kant creusa entre le noumène et le phénomène. Le phénomène de ce dernier paraît tantôt l'apparence de ce qui est, tantôt une sorte d'être inférieur, effet de l'être en soi ; mais du moins le noumène n'est-il jamais présenté par lui comme la réalité exclusive et le phénomène comme une illusion.

Deux principes, l'un lumineux et léger, l'autre obscur et dense, et qui rappellent tous deux les principes d'Anaximandre, constituent toutes choses pour le Parménide des Paroles de l'Opinion ; ils s'opposent et produisent, seuls ou par leurs mélanges, tout ce qui est, ainsi que le font les principes issus de l'unité et de la dyade chez Pythagore. Mais les Pythagoriciens n'avaient pas tardé à parler comme fit Parménide. Et reconnaît-on bien l'adversaire d'Héraklite dans le philosophe qui associe ainsi des contraires ? Autour de la terre, qui est dense, il place des sphères concentriques dont la plus extérieure rappelle, par son immobilité, celle du Tout qui est soutenue dans la première partie du poème. Entre cette sphère et nous, il existe des régions plus ou moins lumineuses ; dans la plus brillante siègent les dieux ordonnateurs du monde, spécialement la Nécessité et l'Amour. Ceci même n'est pas entièrement de son invention, et l'on voit mal pourquoi, de cette même sphère, procède l'illusion. Il montra cependant une certaine sagacité scientifique dans sa théorie des zones terrestres, et quand il identifiait l'étoile du soir à celle du matin ; mais son originalité sur ces deux points n'est pas établie. Le même penseur revenait parfois à des idées tout enfantines, comme la croyance à la production des astres par des vapeurs qui les constitueraient tout entiers, et il ne voyait qu'un synchronisme dans l'apparition du jour et le lever du soleil ; l'atmosphère lui semblait la source de la lumière. Ces quelques détails suffisent pour montrer que s'il sut profiter de certaines découvertes, il n'est pourtant point un vrai savant ; sa gloire est ailleurs, dans sa métaphysique dont la fécondité directe et indirecte est incontestable, et dont les erreurs sont d'une nature telle qu'on n'est point philosophe si l'on s'estime dispensé de les méditer.

III. *Zénon*. — Le plus subtil des Eléates, Zénon, concitoyen et disciple de Parménide, se donna pour tâche de réfuter par l'absurde les adversaires de l'école. Il naquit entre 492 et 485 et paraît avoir conçu de bonne heure un grand enthousiasme pour la doctrine qu'il défendit contre la colère inintelligente du bon sens vulgaire, qu'elle révoltait, et contre les Pythagoriciens dont la manière de concevoir l'unité, à savoir comme l'élément réel d'un monde vraiment pluralité, lui semblait incompatible avec l'existence d'un mouvement intelligible. Il démontrait surtout qu'un mouvement réel est impossible dans un tel monde, mais ne trouvant point, du mouvement, une conception qui ne suppose pas cette même pluralité, il concluait, au nom de la logique, et contre le mouvement, qui est tout ensemble affirmation et négation de la pluralité, et contre la pluralité qui, entre autres inconvénients, présente celui de se prouver par l'existence d'un mouvement qu'elle rend impossible.

Il est malaisé d'interpréter Zénon ; les concepts dont il se servait ne nous sont familiers qu'avec leurs enrichissements postérieurs, de sorte que nous ne pouvons faire, en le lisant, tout le vide qu'il faudrait dans notre propre esprit. Et puis nous ignorons trop le milieu où il spéculait. Il laissa de côté un certain nombre de points de la doctrine de Parménide, mais il insista plus que lui sur quelques autres, notamment sur l'irréalité de l'espace ; ici, il est même plus net que son maître. Opposer l'unité du Tout — et non point, comme tels et tels le supposent, la continuité spatiale du Tout — à la croyance universelle au divers, prouver, en particulier, que le mouvement est illusoire, afin de ruiner ainsi la raison la plus forte de croire au monde que niait Parménide, presque tout Zénon est là.

Nous allons indiquer ses principaux arguments. Dix mille grains de millet produisent du bruit en tombant à la fois ; tombant un à un, ils n'en auraient point fait : quelle confiance méritent donc nos sens ? Quelle logique est celle qui régnerait dans le monde sensible, dans le monde du multiple? Celui qui raisonne avec droiture, en mathématicien, conclut à l'irréalité du phénoménal. — L'espace n'est point, car il serait dans un autre espace, et celui-ci dans un autre, à l'infini. Cela est absurde, et ce qui est absurde n'est pas. Il faut croire à la raison malgré les sens. — Toute étendue, toute grandeur est illusoire, car on ne saurait diviser le fini en une infinité d'éléments, bien que le fini requière une telle division : leur somme rendrait le fini infini s'ils sont encore quelque chose ; et l'on ne pourrait, d'autre part, obtenir une grandeur en ajoutant le néant à lui-même. — Mais les quatre arguments qui réfutent l'erreur du monde-pluralité par l'exposé des illogismes liés à la croyance au mouvement sont d'une importance plus grande encore. Voici qui semble à Zénon détruire jusqu'à la dernière trace de pluralité, jusqu'à la pluralité de ces êtres si pâles et si minces que seraient les divers points d'un espace réel, d'un espace comme l'ensemble des « unités-positions » dont parlent les Pythagoriciens. — 1° Achille, supposé dix fois plus rapide que la tortue, ne l'atteindra jamais ; car chaque fois qu'il arrive au point d'où elle est partie quand il est parti lui-même d'un point plus éloigné, elle l'a devancé d'une certaine distance ; chaque fois cette distance devient dix fois plus petite, mais jamais elle ne sera nulle. Niez donc le mouvement, si même vous voyez Achille rejoindre la tortue, car ce que vous verriez serait absurde ; vous ne voyez pas ce que vous croyez voir ; ce que montrent les sens n'est pas, car cela, c'est l'impossible. — 2° Qu'on ne dise pas qu'en une infinité d'instants une infinité de points peut être parcourue ! Car la division à l'infini du temps et de l'espace, exigée par le mouvement, rend impossible même son commencement. Qu'on suppose un mobile devant parcourir une longueur quelconque. Il devra d'abord en parcourir la moitié, et, avant, moitié de la moitié, et ainsi à l'infini. — 3° Peut-on même distinguer le mouvement du repos ? Non, car en chaque moment de son vol, une flèche occuperait un espace égal à elle-même, ce qui l'identifie avec une flèche en repos. — 4° Enfin, l'on ne peut mesurer les vitesses sans tomber dans des contradictions, car si deux mobiles d'une longueur égale à celle d'un troisième objet se meuvent parallèlement à lui en des sens opposés avec une vitesse pareille, le temps du mouvement de l'un quelconque des deux mobiles sera à la fois celui qu'il mettra à passer devant l'autre mobile et celui qu'il mettra à passer devant l'objet en repos ; dans le premier cas, il sera moitié moins grand que dans le second. — Il est donc faux que le mouvement existe ; l'espace divisible qu'il suppose ne le saurait recevoir ; et l'argument porte aussi contre l'existence de l'espace, car on ne peut concevoir celui-ci que comme divisible. Il n'est donc pas, lui non plus, et toute la diversité des apparences dont il est le support n'existe pas davantage.

Ceux qui ont pensé que Zénon ne niait pas le mouvement, mais l'admettait en le situant dans un espace continu, différent de celui des Pythagoriciens et n'ayant rien d'arithmétique, ont sans doute commis cette méprise parce qu'ils ne pouvaient imaginer que Zénon eût nié l'espace sans songer à nier le temps. Mais, Si Zénon est plus idéaliste que Parménide, il n'est pas étonnant qu'il le soit moins et moins complètement qu'on ne peut l'être de nos jours. Son unité immobile est plus nettement une et immobile que celle de son maître. N'est-il pas clair, étant donné la manière dont il réfute le mouvement, que c'est bien tout mouvement qu'il entend réfuter, et qu'il le réfute de telle sorte qu'il est en même temps obligé de nier tout à fait l'espace ? D'un autre côté, concevoir la possibilité d'un mouvement dans un espace rigoureusement continu, cela dépassait les forces de Zénon. Parménide, dira-t-on, avait bien proclamé la continuité ! Sans doute, mais il n'était pas capable d'apercevoir les difficultés logico-mathématiques qui pouvaient frapper Zénon, lequel était lui-même incapable de les vaincre assez pour reprendre l'idée d'un continu réel.

Certes, en pareille matière, des arguments comme les siens sont trop simples pour être convaincants ; mais s'ils sont plus ou moins faciles à renverser pour le mathématicien, si un kantien se croit en droit de les mépriser du haut de sa doctrine relativiste du temps et de l'espace, il reste vrai cependant que les difficultés soulevées par Zénon ne sont pas vaines ; loin de là : ce n'est pas sans artifices que le mathématicien manie l'infini, et le relativisme kantien est loin de constituer une doctrine satisfaisante. L'Atomisme sera un effort pour expliquer le mouvement et la diversité sans renoncer à l'espace, et sans prendre toutefois tel quel celui des Pythagoriciens, que l'on ne peut rejeter entièrement, si l'on est logique, sans nier tout à fait l'étendue ; il faut laisser du moins une ombre de discontinuité à l'espace si l'on veut que le monde phénoménal ne devienne pas inintelligible.

Zénon, qui n'était aucunement physicien, a su faire profiter la philosophie, qui presque toujours puise dans la science ce qui la renouvelle, de ses connaissances mathématiques ; et il appela l'attention sur des questions où métaphysique et mathématique sont également intéressées. Le premier il vit l'importance et les difficultés de la division de l'étendue, et s'étonna avec profit de l'infiniment petit. Son argumentation a pu inspirer les Sophistes, mais faut-il pour cela lui tenir rigueur ? Il contribua aussi à accroître la tendance des penseurs grecs à confier à la dialectique la solution de questions qu'elle n'est que trop habile à résoudre d'une façon artificielle et spécieuse. Mais mieux valait encore inciter la raison à se moquer des sens et à croire en soi, que de favoriser le scepticisme et l'empirisme. Enfin, le mal qui consiste à défendre un système dont les conclusions ressemblent à celles de l'illusionnisme hindou n'est jamais grave en Occident.

IV. *Mélissos*. — Le vaillant samien qui vainquit en 440 la flotte des Athéniens, était un disciple de Parménide un peu plus jeune que Zénon. Nous possédons, de son Traité de la

Nature, des fragments importants, mais dont l'interprétation est souvent difficile. Malgré le discrédit jeté sur lui par Aristote, qui condamnait son infinitisme et le tenait, à tort, pour matérialiste, il doit être regardé comme un penseur éminent ; c'est un idéaliste authentique, bien qu'obscur ; il ne se rapproche pas, comme on l'a trop redit, des premiers Ioniens, mais il maintient, parmi la race qui produisit Héraklite, le point de vue de Parménide ; il continue et complète, avec originalité, l'œuvre de celui-ci et celle de Zénon.

Selon Mélissos, qui ignore ou fait comme s'il ignorait la plupart des doctrines rivales qui se produisent autour de lui, l'être est éternel parce que le néant n'a pas pu devenir quelque chose, parce que naître serait avoir fini une fois, et que finir serait se continuer en autre chose ou se transformer en non-être. De l'éternité, il conclut à l'infinité, mais cette infinité n'est point spatiale ni surtout corporelle pour Mélissos, qui n'accepte point la matérialité, ni même l'étendue, parce qu'il lui faudrait alors admettre la divisibilité de l'être, qu'il repousse. Il ne pouvait regarder l'être comme tout ensemble infini en étendue et immatériel, car l'espace auquel on pensait de son temps était en général celui des Pythagoriciens, c'est-à-dire un ensemble discontinu d'unités-positions possédant une réalité physique ; et s'il eût fait l'étendue à la fois réelle et continue, il se serait vu forcé de l'identifier au vide, donc au non-être ; il l'eût par conséquent niée, dans cette hypothèse aussi, sans hésiter. Mais pourtant, son infinité est grandeur.

Comment est-ce possible ? En somme, on ne peut le comprendre qu'en l'interprétant ainsi : la grandeur de l'être est tout abstraite ; c'est une grandeur, une grandeur infinie, que Mélissos entendait en un sens, vaguement, il le faut concéder, mais rigoureusement idéaliste. Pourquoi pas, puisqu'il s'oppose absolument à ce qu'on croie au témoignage des sens, à leurs suggestions ? Certes, il ne vit pas tout à fait clair dans sa propre pensée, car, on l'a remarqué, le mot infini signifia pour lui l'indépendance de l'être qui n'a ni commencement ni fin. Pour parler juste, il faudrait dire qu'à ce sens se joignit promptement, en son esprit, celui que nous avons indiqué ; mais jamais l'infinitisme de Mélissos ne fut spatialiste, ni surtout matérialiste. Un moderne conclut aussitôt, de l'éternité du réel, à la nécessité de le regarder comme un tout, et il ne l'a pas plus tôt jugé tel qu'il le déclare infini et un, à la grande satisfaction du savant qui n'est en sécurité que s'il se croit en droit d'affirmer l'illimitation du domaine qu'il explore et l'unité absolue du fond des choses. Mélissos, qui n'avait pas de préoccupations vraiment scientifiques et dont l'esprit critique était assez borné, passa à côté de ces considérations et conclut d'abord de l'éternité à l'infinité-indépendance, puis, on ne sait trop comment, de cette infinité à celle de grandeur, peut-être afin que l'indépendance soit assurée par l'impossibilité d'une réalité rivale de celle de l'univers : si l'univers occupe tout le possible, qu'est-ce qui pourrait menacer son indépendance ? Une fois le monde tenu pour infini, il est manifeste qu'on doit le dire unique, mais le mot « un. » prête aussi à une équivoque dont profite Mélissos : l'unité devient à ses yeux l'homogénéité dans la durée et quant à l'essence ; l'univers est alors déclaré immobile, immuable et impassible autant qu'indivisibe. Ce dernier caractère, qui tient à l'unité même du tout, est impliqué par les premiers, car tout changement suppose la pluralité dans ce qui change, et la douleur est l'effet d'un commencement de désagrégation. Mais surtout Mélissos nie la divisibilité parce qu'elle impliquerait le vide, c'est-à-dire la réalité du non-être, lequel ne saurait être, et de plus qu'elle briserait l'unité de l'invisible, limiterait l'infini, ferait imparfait le parfait. Tout changement serait encore naissance et mort, et il y a longtemps que le monde aurait péri si jamais il avait commencé à changer, ne fût-ce qu'infiniment peu. Arrière donc toute philosophie expliquant le réel par le mélange et par le mouvement.

On a signalé la ressemblance de l'être qu'il substitue au sensible, avec le Dieu du spiritualisme d'une part, et, d'autre part, avec l'élément objectif constant supposé par la science moderne sous les apparences changeantes et subjectives. C'est à juste titre, toutes réserves faites. Mais rien n'oblige à supposer l'identité du fond métaphysique de l'univers et de Dieu, ni qu'il ne se passe rien dans ce fond métaphysique, que la conscience, d'ailleurs, nous fait toucher en l'une de ses parties, celle qui est nous. Et rien n'est plus vraisemblable que le parallélisme du réel et de nos impressions, de ses lois et de notre science. Ces impressions et cette science sont, en dépit de leur subjectivité, un Symbolisme vrai. C'est peut-être pour les mêmes raisons, qu'on dédaigna tant, autrefois, Mélissos, et qu'on peut aujourd'hui le réhabiliter.

CHAPITRE VI

Empédokle.

Empédokle, né vers 490, et Anaxagore sont contemporains. L'on ne sait avec certitude si l'activité philosophique du premier, le plus jeune des deux, devança celle du second, et l'on est fondé à croire que les spéculations d'Anaxagore ne furent pas sans influence sur Empédokle ; il est sage cependant d'imiter Aristote, qui traitait d'abord de ce dernier, car il apparaît vraiment comme le trait d'union entre, d'une part les Ioniens, y compris Héraklite et Diogène d'Apollonie, et, d'autre part, Anaxagore et les Atomistes. De plus, l'influence des Pythagoriciens, qui fut très vite à peu près universelle, est spécialement remarquable chez lui, et l'est davantage que chez les Antésocratiques dont il nous reste à parler. Enfin ses emprunts aux Eléates sont souvent plus immédiats que ceux de ces derniers, les Sophistes exceptés.

Ce n'est pas que ce citoyen de la dorienne Agrigente soit un pauvre inventeur ; son syncrétisme est très avisé et, à tout prendre, aussi original que telle ou telle des doctrines qui y entrèrent. Mais Empédokle avait, si l'on peut parler ainsi, moins de raison que d'intelligence ; ses intuitions sont d'un philosophe, mais il manque de force et de profondeur, de suite aussi dans ses réflexions ; et le penseur se double d'un mystique, d'un thaumaturge, d'un magicien, d'un illuminé. Sans doute il fut bon ingénieur et habile médecin ; ses aptitudes politiques purent même inspirer à ses concitoyens assez de confiance pour qu'ils voulussent le choisir comme chef, honneur qu'il refusa ; mais il se faut défier d'un homme sur lequel l'histoire raconte mille légendes, si surtout elle ajoute qu'il les voyait éclore sans déplaisir. Quand même il serait inexact qu'il prétendit nettement se faire passer pour un dieu et qu'il se jeta finalement dans l'Etna, il faut se souvenir du proverbe qui dit : L'on ne prête qu'aux riches. C'était une âme tourmentée, prenant peut-être la vie au tragique autant qu'Héraklite ; l'accent de son éloquente poésie est parfois tout moderne. Nous prions ceux qui volontiers le négligent de se demander si l'histoire de la philosophie grecque primitive serait aussi intelligible au cas où le poème d'Empédokle n'aurait pas laissé de trace.

Au premier abord, l'auteur de la célèbre doctrine des quatre éléments peut paraître n'avoir fait que prendre l'eau à Thalès, l'air à Anaximène, le feu à Héraklite, la terre n'étant que le dense des Pythagoriciens concrétisé. Longtemps l'Amour et la Haine, qu'il adjoignit à ces quatre corps, furent regardés ou comme deux noms poétiques qu'il donnait aux deux aspects de la force tenue par Anaximandre pour immanente à la matière, ou comme deux principes spirituels, comme les deux manifestations de l'activité divine dans l'univers.

Il est facile de rattacher la presque totalité de ses opinions à celles de ses devanciers ; mais par là même il l'est d'autant moins de déterminer au juste ce qu'il y eut de personnel dans ses emprunts ; il est même malaisé de rendre sa pensée avec fidélité. Médiocre à plus d'un égard est l'intérêt d'inventions comme celle, par exemple, d'un amour et d'une haine aussi matériels que le feu ou l'air, d'un cinquième et d'un sixième éléments aussi divins, mais non plus, que les quatre premiers ; mais il ne faudrait pas méconnaître la valeur de l'intuition si neuve qui rapproche Empédokle de la science contemporaine : il professa, le premier, la pluralité des corps simples. Plus de monisme simpliste ni de dualisme abstrait ; avec lui se fait jour un pluralisme bien plus raisonnable que celui d'Anaxagore, un pluralisme sans danger pour l'utile croyance à l'unité du monde, à la permanence de la quantité totale du réel ; cette doctrine n'est pas moins précieuse, scientifiquement, que celle des Atomistes cependant plus profonde. On aurait tort d'y chercher des éléments perses ou d'y voir un manichéisme anticipé.

Le monde d'Empédokle est éternel, fini, sans mélange de vide, et il repasse indéfiniment par les mêmes phases de développement et d'involution. Il est composé d'air, d'eau, de feu, de terre, et aussi d'amour et de haine. On peut également bien se servir des termes d'amitié et de discorde. Les quatre premiers éléments, plutôt passifs, baignent dans les deux derniers, plutôt actifs ; ils sont tous égaux en volume, inégalement subtils comme le montre l'impuissance des sens à percevoir l'amour, mais aussi matériels et aussi divins, immuables en leur essence et indestructibles. Toute la diversité des qualités qui se remarque dans les choses est due à des mélanges en proportion variée des six éléments, aux différences de structure de leurs agrégats et aux effets des lois générales de l'équilibre. L'amour rapproche jusqu'aux dissemblables, et la discorde sépare ce qui a été rapproché ; mais avec ces deux êtres-forces collabore une loi, celle de l'attraction du semblable par le semblable, qu'il ne faut pas confondre avec l'amour. Le résultat composé de l'action de l'amour et de cette loi est finalement la production dans l'univers d'une homogénéité maxima, de sorte qu'à partir d'un certain moment leur action cesse, semble-t-il, d'être heureuse dans le *Kosmos,* car l'homogénéité croissante amène progressivement la disparition des êtres spécialisés, qui sont des combinaisons. D'un autre côté, l'action composée de la discorde et de cette loi ne peut produire une hétérogénéité absolue, car ce que la discorde sépare, cette loi travaille à le rassembler en masses homogènes différentes entre elles. Au reste, l'hétérogénéité absolue aurait le même effet que l'homogénéité absolue ou même que la plus grande homogénéité possible ; bien plus, elles se ressembleraient tout à fait : d'une part, en effet, pour concilier leurs exigences, la discorde et la loi devraient amener un mélange uniforme d'éléments infiniment émiettés, afin que les parties soient toutes séparées et que les dissemblables soient à la fois aussi éloignés et aussi rapprochés que possible ; d'autre part, l'amour et la loi agissant ensemble ne feraient pas autre chose, étant donné que le mélange uniforme dont il vient d'être parlé est aussi le plus intime que l'on puisse concevoir. En tous cas, il est clair que la discorde commence par travailler à la formation du *Kosmos*. Le système, on le voit, a quelque chose d'indécis, et l'opposition avec l'Héracliteisme n'est pas complète. C'est surtout à cause de l'amour, qui collabore avec son contraire à la création des formes, que le monde se hâte vers sa fin ; ce n'est pas surtout à cause de la discorde, dont l'effet est d'abord plutôt heureux, puis tantôt heureux et tantôt malheureux au cours de la vie de l'univers ; mais l'action de la discorde finirait par être fatale au *Kosmos* si l'amour, dont le rôle est heureux dans la période où nous sommes encore, ne se chargeait de ramener l'univers à son commencement.

Quant au mouvement tourbillonnaire qui, sous l'action des lois de l'équilibre, régularise le désordre apporté par la haine au sein du Tout en repos, il faut se garder de lui chercher, dans Empédokle, une cause pleinement intelligible. Cette vue offre pourtant un grand intérêt ; elle aussi réalise un progrès scientifique. On comprend assez bien que l'accélération du tourbillon résulte de l'absorption, par lui, des mouvements chaotiques originels, mais il est moins aisé de voir pourquoi le tourbillon favorise l'action de l'amour, qui se place à son centre, et disperse celle de la haine, qui se porte à sa circonférence. Il est vrai que la haine a commencé à agir, suivant Empédokle, comme du dehors ; et qu'il y a, dans l'idée de l'amour, celle de repos, qui fait songer au centre d'un tourbillon ; et que l'amour, s'il est situé là, doit repousser son contraire tout en profitant du mouvement déterminé par lui pour lui ravir au passage de quoi former lui-même des agrégats. Mais, malgré tout, on ne peut voir ici tout à fait clair ; l'argumentation du philosophe, mal partie, se tord en spirales étranges dont rien de satisfaisant ne peut sortir. La victoire finale est toujours à l'amour, mais le champ de son activité est préparé par la prépondérance préalable de la haine, qui n'est complète qu'un instant, la dissociation maxima étant aussitôt diminuée par la loi de l'attraction du semblable par le semblable et par la dispersion même des éléments du principe de haine, qui se dissocie tout comme il dissocie. Entre temps, les deux principes contribuent, dans la mesure de leurs forces et pour autant qu'ils se rencontrent entre le centre et la circonférence du tourbillon, à former les êtres passagers que nous connaissons ; la multiplication et la prospérité de ces êtres sont favorisées ou retardées par la prédominance alternante de l'amour et de la haine, dont les effets sont loin d'ailleurs d'être nécessairement les premiers toujours heureux et les seconds toujours malheureux ; les plus aptes à durer bénéficient un temps de leurs avantages constitutionnels ; ce sont les hasards des effets de la nécessité qui décident de leur production, de leur durée et de leur disparition. En ceci encore Empédokle a été un précurseur ; mais il en est des trouvailles de l'intelligence comme des êtres dans le monde d'Empédokle ; il arrive que d'heureux hasards plutôt que de bonnes raisons les amènent.

Le penseur d'Agrigente n'était pas mathématicien, mais il s'intéressa vivement à la physique générale, qui ne faisait qu'un alors avec la phisophie, et à la physiologie. Il émit parfois des théories bizarres ; mais il expérimenta avec sagacité sur la pression de l'air ; il affirma que la propagation de la lumière n'est pas instantanée, et tenta nombre d'explications mécaniques des phénomènes, dont l'intention tout au moins est irréprochable. Mais il place aux confins de l'univers une voûte d'air épaissi, et il remplit l'un des hémisphères de feu, l'autre d'air mêlé d'un peu de feu. Notre atmosphère propre est immobile pour lui ; autour d'elle tournent les deux hémisphères qui font l'un le jour et l'autre la nuit. L'eau, sortie de la terre, a donné naissance à notre atmosphère. A une distance de la lune double de celle de la lune à la terre, se trouve le soleil, simple reflet, durant le jour, du disque sur lequel nous habitons ; le reflet n'est pas plus grand que l'objet reflété ; il tourne avec l'atmosphère mobile. Empédokle incline aussi notre terre au milieu de la sphère où se meut le tourbillon et il aplatit notre demeure ; mais il ne nous donne pas l'explication de ces opinions. Etoiles fixées au ciel et planètes errant plus bas sont feux sans consistance ; la lune est formée de vapeurs et reçoit du soleil sa lumière. En médecine, Empédokle, qui sut faire des observations précises, est pour le fond tributaire d'Alkméon, mais sa biologie est plus personnelle ; suivant lui, dans la génération, dans la croissance des plantes et des animaux qui apparurent après elles, dans la production même des désirs amoureux et dans la perception, règne diversement une même loi. L'œil connaît chaque chose par ce qu'il contient de semblable à elle ; il connaît la lumière et l'obscurité par le feu et par l'eau qu'il contient ; il faut de même qu'il existe dans tous nos autres sens quelque chose d'analogue à toutes les réalités extérieures dont ils nous avertissent ; la perception, c'est encore le semblable qui attire son semblable et s'unit à lui, exactement comme, jadis, les membres épars qui naissaient de la terre s'unirent d'après leurs affinités, tantôt d'une manière précaire, tantôt de manière à réussir des êtres viables. La cause de toutes les qualités intellectuelles et morales serait une heureuse proportion des éléments qui constituent nos organes ; la pensée n'est que le sang du cœur ; l'âme est la résultante des propriétés psychiques de la matière en nous ; mais nous possédons une autre âme, sans analogie, celle-ci, avec celle de Hæckel ; c'est un démon qui, lui, est sujet à la métempsychose ; il subit le sort... que nous méritons. Empédokle tire du principe de la métempsychose les mêmes préceptes pratiques que les Pythagoriciens. Ses démons sont de la même famille que les dieux secondaires qui peuplent l'atmosphère, mais il croit à un vrai Dieu unique, plus grand que les divins éléments primordiaux eux-mêmes : c'est le Tout, c'est la « grande sphère ». On voit mal comment il existe, d'après lui, une sorte de loi physique de justice — car sa métempsychose est cela — dans un monde où la spiritualité de Dieu est encore si confusément entrevue. Mais vivait-il son système, ou plutôt un système de croyances orphiques ? Son livre des Purifications favorise la seconde hypothèse et permet de voir en lui aussi un précurseur de Platon. D'ailleurs, grâce autant peut-être à son imagination qu'à sa raison, il est presque aussi souvent précurseur qu'il est disciple : les subjectivistes d'une part et les spiritualistes les plus réalistes de l'autre, les chimistes de notre époque comme les alchimistes du moyen âge, les évolutionnistes et ceux qui s'arrêtent dans la marche régressive vers l'unité, bref des esprits de temps et de tendances bien différentes peuvent tout autant se réclamer de ce philosophe qui maniait pourtant de façon si naïve les axiomes simplistes auxquels la dialectique était alors attachée. Cela prouve à la fois pour et contre Empédokle. De tous les Antésocratiques, c'est à lui que l'on réussit le moins bien à faire une réputation précise.

CHAPITRE VII

Anaxagore.

Anaxagore de Clazomène, né en 500, vint briller à Athènes au temps de Périklès, d'Euripide et de Protagoras. Quand il mourut, en 428, Sokrate avait quarante ans, l'âge où Anaxagore était venu de cette Ionie où les Athéniens le renvoyèrent pour avoir enseigné une piété qui leur semblait impie. Il finit à Lampsaque, toujours occupé à la recherche du vrai, qu'il paraît avoir regardée comme le principal devoir. Bien qu'il laissa des disciples, dont Archelaos fut le plus célèbre, on peut dire que son école n'eut point d'avenir. Sa philosophie et celle d'Empédokle ont été les derniers efforts vraiment remarquables de la spéculation grecque dans la direction inaugurée par Thalès et Anaximandre; car Diogène d'Apollonie est un penseur secondaire. Avec eux, avec la plupart de leurs rivaux, la philosophie se trouve comme dans une impasse; pour avancer, elle et la science devront s'engager dans des voies assez différentes, ou même rebrousser chemin quelque peu, sous peine de verser dans d'insignifiantes redites ou dans d'inutiles subtilités.

Cependant Anaxagore, à la fois plus rigoureux, plus profond métaphysicien qu'Empédokle et moindre savant, a plus contribué que ce dernier à enrichir le trésor de la *perennis philosophia*, et il est plus intéressant à suivre que lui dans la lutte qu'ils engagent, chacun à sa manière, contre des opinions anciennes ou récentes. Aussi attaché aux institutions aristocratiques que l'était Empédokle à la démocratie, d'un caractère très noble et très désintéressé, indifférent à tous les avantages sociaux et matériels auxquels il pouvait prétendre par sa naissance et la situation de sa famille, il pratiqua la philosophie comme on exerce une fonction ; sa carrière de philosophe n'est pas sans ressemblance avec celle de Sokrate. Mais son ardeur est plus contenue, et jamais il ne se départ de sa réserve. Il écrivit en prose ; le premier il illustra de figures un livre de sujet non mathématique.

Il s'inspira fort d'Anaximandre; en particulier, le mélange intime de tous les éléments, qui est l'affirmation fondamentale de sa doctrine, rappelle l' « indéterminé » du grand Milésien, et l'on s'explique que leurs philosophies aient été aisément confondues malgré leurs profondes différences. Pour Anaximène, non seulement le Clazoménien conserve une grande partie de sa science, mais l'esprit de celui-ci, bien que très différent de l'air-âme de celui-là, le rappelle par bien des traits. Mais combien Anaxagore est plus près du spiritualisme, puisqu'il introduit du dehors, dans le mélange, l'Esprit qui le vient débrouiller, et qu'il le distingue si soigneusement du reste des choses.

A Pythagore, il ne doit presque rien. Comme les Eléates, il nie le vide ; comme eux il se préoccupe avant tout de ne pas violer le principe d'après lequel rien ne naît de rien ni ne s'annihile ; et il est presque aussi intrépide qu'eux à déduire, de ce principe, des conséquences étonnantes pour le sens commun. Mais, attaché comme les anciens Ioniens à l'objectivité des réalités sensibles et diverses, il s'efforce de concilier l'un et le multiple sans prêter aux critiques d'un Zénon ; il veut être, en dépit de la difficulté, tout ensemble aussi réaliste et aussi logique que possible. Les intentions capitales de sa philosophie sont en somme celles de l'Atomisme, si différent pourtant ; il aurait été peut-être atomiste s'il avait pu se décider à nier la réalité des apparences sensibles. D'un autre côté, son Dieu est très voisin de celui de Sokrate.

Suivant lui, il existe éternellement une infinité d'éléments immuables ; leur variété doit être pareille à celle des corps que nos sens, grossiers mais non mensongers, nous permettent de distinguer. Comment le corps tirerait-il, du pain, de quoi entretenir le sang, la chair, les os, s'il n'y avait de tout cela dans le pain ? La terre, qui produit le blé, contient donc aussi de tout cela ; il y a de tout partout ; et dans l'or il y a seulement plus d'or que d'autre chose, dans la chair plus de chair, etc. Autrement, il existerait de véritables transformations, c'est-à-dire de vraies naissances et de vraies morts, ce qui est impossible dans l'ordre de la qualité comme dans celui de la quantité. Toute naissance est une agrégation de semblables et de dissemblables, toute mort est désagrégation. Cette doctrine peut sembler tout d'abord en opposition absolue avec la science et la philosophie modernes ; car l'unité et l'uniformité ne sont-elles pas au commencement ? Que l'on ne condamne pas trop vite Anaxagore ! Leibnitz, vers qui l'on revient, posait à l'origine une infinie variété de monades, et jusqu'à des sociologues se demandent, aujourd'hui, si la diversité actuelle des êtres ne suppose pas une diversité initiale. D'ailleurs, ne poser au début qu'une diversité en puissance, et c'est le moins qu'on puisse faire, serait-ce suffisant, serait-ce même intelligible ? Avec une homogénéité absolue, pourrait-on expliquer l'apparition de l'hétérogène ? Mais une fois admise l'existence d'un minimum d'hétérogénéité initiale, comment s'en tenir à ce minimum ? En particulier, l'on ne peut dire sans restrictions que l'Anaxagorisme soit le contraire de notre chimie. Celle-ci a conscience de se fonder sur des hypothèses non seulement provisoires en partie, mais encore essentiellement symboliques ; rien de tel chez Anaxagore, évidemment ; mais laissons de côté la philosophie de la chimie, comme fait le chimiste en construisant sa science. Ne peut-on interpréter la nouveauté des propriétés des combinaisons sans nier la persistance de la nature et des propriétés des éléments composants ? Il suffit au chimiste, pour se rendre intelligible ce qui s'opère sous ses yeux, d'attribuer tout le nouveau du combiné : objectivement, à la réalisation de conditions qui permettent à chaque atome, une fois associé à d'autres, d'opérer ce qu'il ne pouvait en fait exécuter seul, et, subjectivement, à notre faculté de sentir qui traduit, sous des formes d'une richesse pittoresque infinie, les effets de l'activité monotone du réel ambiant. Ceux qui de nos jours professent une physiologie toute chimique, un chimisme universel et la croyance à un fond tout mécanique du chimique, doivent voir en Anaxagore un lointain précurseur. Et qui doute de l'existence, un peu partout, de traces infiniment petites de corps infiniment divisibles ou qui sont comme s'ils l'étaient ?

Quelle que soit la valeur de son système, Anaxagore est, parmi les primitifs, de ceux qui firent le plus pour mettre en lumière l'unité des lois du réel, pour concilier l'unité et la multiplicité, l'expérience et la raison. Mais ses idées sont très inégalement claires, et ses historiens y sont pour quelque chose. On est peu d'accord sur ses « *homœoméries* », et il ne faut pas s'en étonner, car ce mot, qui signifie simplement « parties semblables », fut inventé par Aristote et employé d'une manière peu uniforme. Ce n'est pas que ce mot soit décidément mauvais ; on peut, si l'on procède avec prudence, lui donner un ou même plusieurs sens sans trahir nécessairement la pensée d'Anaxagore. En effet, disons-nous du tout qu'il est *homœomère* parce qu'il est composé d'autant de sortes d'éléments, et des mêmes, que chacune de ses parties ? Disons-nous des parties qu'elles sont *homœomères* parce qu'il y a dans chacune autant de sortes d'éléments, et les mêmes, que dans les autres parties? Appliquons-nous ce terme à des masses comme celles que durent former d'abord, suivant lui, l'air et l'éther, en entendant que dans ces masses il y avait prédominance de l'air, ou de l'éther, sur les autres éléments mélangés à ceux-ci, ou même en entendant qu'il y avait, dans l'air, ce qui se trouvait aussi dans l'éther et réciproquement ? Disons-nous *homœomères* la chair qui est en nous et la chair qui est éparse dans le milieu d'où nous tirons notre nourriture? Nous pouvons dire tout cela ; mais puisqu'Anaxagore ne parla pas *d'homœoméries*, ne pourrions-nous pas l'imiter et dire les mêmes choses en laissant ce terme ?

Il y a plus de difficultés à résoudre une autre question, soulevée récemment. On s'est demandé si Aristote n'avait pas faussé Anaxagore en parlant de parties de sang, de chair, etc. Il faut avouer qu'un ennemi du vide, qu'un penseur qui s'exprimait sur l'infiniment petit d'une manière qui est déjà la nôtre, qu'un continuiste, enfin, comme le Clazoménien, ne pouvait admettre l'existence de véritables particules. Il est donc assez naturel, semble-t-il, de supposer que le mélange dont il parle est un mélange, non de petits corps, mais de qualités. Ce serait là sa grande originalité en face des Atomistes, et sa part dans la préparation du Platonisme et de l'Aristotélisme. Mais on oublie bien des choses quand on soutient cette thèse : d'abord qu'Aristote, qui ne commet guère de méprises graves lorsqu'il expose l'essentiel des doctrines de ses prédécesseurs, en juge tout autrement ; ensuite qu'Anaxagore, chez qui les éléments portent le nom de semences, et qui sans aucun doute concevait toute existence sur le type matériel, ne devait pas hésiter, lorsqu'il reprenait le vocabulaire de ses maîtres ioniens — lesquels réalisaient le sec, l'humide, le chaud, etc., — à considérer les principes des choses comme rigoureusement matériels ; il ne pouvait songer à donner à ces termes un sens abstrait, ni se sentir arrêté par la difficulté de les appliquer à l'explication des corps, des corps qu'il conçoit tout à fait comme le vulgaire. Et puis, il rend compte de tout par un déplacement des semences qu'il serait difficile de se représenter si l'interprétation traditionnelle était de tout point fautive. Le faudrait-il louer d'avoir favorisé à l'avance une physique comme celle d'Aristote, qui ne devait point s'en douter, une physique qu'il est si malaisé d'ajuster au mécanisme dont vit la science ? Perdrait-il beaucoup à n'être plus l'ancêtre involontaire d'une certaine classe d'alchimistes ? Le rapprocher de Kant en lui attribuant une physique où toute la diversité des choses résiderait dans la différence d'intensité, en chaque point de l'univers, des qualités fondamentales partout présentes, c'est un parti bien téméraire et qui va mal, d'ailleurs, avec celui qui consiste à le rapprocher d'Aristote. Mais il y a plus : une philosophie récente, magnifique en dépit de ses paradoxes, nous a appris que, sans regarder le monde ni comme composé d'atomes ni comme une combinaison de qualités abstraites, l'on peut se représenter à la fois, harmonieusement, l'unité et la variété des choses. Celui qui, comme Anaxagore, a conçu l'infiniment petit à la manière moderne, n'a pas besoin de garder rien de l'idée de petits corps insécables pour affirmer qu'il y a de tout dans tout, et il lui est également inutile de réduire les choses à des qualités abstraites ; à ses yeux, les corps sont de telle nature qu'ils se peuvent entre-pénétrer parfaitement ; leur mélange peut être d'une intimité absolue parce qu'ils sont indéfiniment divisibles ; mais ils le sont indéfiniment non point parce qu'ils seraient infiniment divisés ; ils le sont parce que, s'il n'y a aucune raison de soutenir une division infinie sur laquelle aurait prise la critique des Éléates, il y a lieu de songer à tout autre chose qu'à une division spatiale : en n'importe quelle partie de l'espace, si petite soit-elle, il y a place pour une infinité de principes divers. Pourquoi non, si l'insécable n'est point ? Ces principes peuvent fort bien être étendus, être des matières, puisque, d'une manière générale, la matière ne requiert pas d'être composée d'insécables. Le mélange ne serait pas plus impossible dans l'infiniment petit que dans le sensible fini ou dans l'infiniment grand. C'est seulement dans une hypothèse atomistique, que le mélange intime serait impossible à partir d'un certain degré de petitesse, mais non dans une hypothèse où il y a parallélisme parfait entre tous les degrés de la grandeur. Certes, la doctrine d'Anaxagore a ses difficultés, mais l'Atomisme en a d'autres, non moins irritantes à vrai dire ; et si la première conduit à mettre en doute l'impénétrabilité des corps, n'est-il point une physique récente qui fait de même, avec discrétion mais avec force, en face de l'Atomisme dont la commodité est si relative et qui sacrifie tout à la clarté de l'exposition scientifique. Ce n'est pas un principe de la raison qui nous porte à identifier, avec la vérité, la facilité maxima que peut offrir une théorie à l'activité intellectuelle ; il n'y a là qu'un vœu de l'entendement. Ajoutons que pour un partisan de la subjectivité de l'espace — et la science, qui ne peut éliminer tout à fait la métaphysique, va jusqu'à cette affirmation métaphysique — les objections les plus troublantes que l'on dresserait contre l'Anaxagorisme interprété comme nous faisons ici tomberaient d'elles-mêmes.

On a remarqué qu'Anaxagore, qui regardait le monde comme infini et avait conscience de la gravité des difficultés soulevées par les Eléates, était obligé, pour admettre l'existence du mouvement et pour l'expliquer, de superposer à son pluralisme un certain dualisme, d'opposer au réel divers et passif un principe un et actif, ceci mouvant cela ; le mouvement d'un infini, dit-on, est inconcevable. — Cela dépend ; même sans le vide, un mouvement tout au moins des parties serait intelligible. De plus, rien ne forçait Anaxagore à dépasser l'Hylozoïsme de ses maîtres préférés. Si donc il présente l'Esprit, le « *Nous* », comme possédant toute science, toute puissance, comme différent de la nécessité, comme autonome, comme réglant tout, en face d'une matière inerte par nature, c'est qu'il inventa le spiritualisme pour les motifs qui font encore qu'il y a des spiritualistes. Ce n'est point là une exagération ; peu importe si le *Nous* est encore une substance matérielle, la plus subtile et la plus pure, mais bien matérielle pourtant ; les anciens ne savaient pas encore être spiritualistes d'une manière plus conséquente ; il leur suffisait d'épurer la matière, d'en imaginer une partie animant et mouvant l'autre comme fait une pensée, une volonté consciente.

Il est curieux de voir Anaxagore superposer plutôt que concilier le dynamisme spiritualiste et le mécanisme. Est-ce suprême sagesse de sa part, ou négligence ? Avec cet esprit, qui demeura très isolé et n'eut guère, pour le commenter, de descendants immédiats et directs, on ne sait jamais trop. Quoi qu'il en soit, son Dieu, principe du mouvement de révolution qui explique toute dissociation et toute agrégation, tout arrangement et toute transformation de tout arrangement, paraît parfois avoir seulement déclanché l'activité du tout ; parfois aussi il semble continuer à le régir, mais de loin : c'est comme si d'heureux hasards produisaient tout moyennant les conséquences fatales de la loi du mouvement, d'une loi unique pour les petits mouvements de la matière et pour ceux des grands corps. Malgré nous, il nous fait un peu penser à Démokrite, tant il oublie, dès qu'il arrive au détail des phénomènes, ce qui n'est point mouvement et choc. On songe aussi à ce penseur moderne qui se contentait de demander à Dieu une chiquenaude pour mettre tout en branle. On songe même à tel autre pour qui le monde réalisait de façon toute mécanique un plan initialement voulu et dont le succès était assuré par la manière même dont la première impulsion avait été donnée. On ne peut pourtant point douter que le *Nous* d'Anaxagore ne semble, quelquefois, le guide constant de toute la machine. Ne rendons point notre philosophe plus clair et plus cohérent qu'il ne se soucie de l'être. En somme, son Dieu est plus près du nôtre que celui d'Empédokle. Venant du dehors, — un dehors tout relatif ! — mouvoir la masse, se mêlant à elle sans s'y fondre, lui prêtant, non pas partout, mais en maint point, de quoi joindre aux éléments inférieurs quelque âme obscure comme celle de la plante ou de l'animal, d'autres âmes encore de ce genre, peut-être, et nos âmes à nous, ce Dieu est dans une large mesure transcendant ; il n'est pas celui du panthéisme, ni même du panenthéisme, mais il est avec toutes choses d'une manière ou d'une autre, et il est le grand organisateur du vague chaos primitif.

Des vues ingénieuses d'une profondeur très inégale, dont les unes se relient au fond de son système et les autres à des philosophies presque périmées déjà, à celle d'Anaximène surtout, forment, avec un certain nombre d'idées plutôt bizarres, son bagage scientifique. Il sut profiter de connaissances et d'hypothèses courantes pour donner la théorie véritable des phases de la lune et des éclipses ; il reconnut que la lune reçoit sa lumière du soleil et professa que la force du mouvement de révolution empêche la chute des corps célestes, incandescents et lumineux ou obscurs ; il croyait la lune plus proche de la terre que le soleil, et celui-ci plus proche de nous que les étoiles ; la lune est pour lui très semblable à la terre, et habitée ; notre monde lui semblait n'être que l'un des mondes qui existent ; il disait que les plantes ont apparu avant les animaux, et que la génération asexuée précéda l'autre ; il expliqua exactement les crues du Nil. Mais pourquoi faisait-il encore la terre plate, sous prétexte qu'ainsi l'air peut la soutenir, et concave sous prétexte que le lever du soleil retarde à mesure que l'on va de l'orient à l'occident ? La compression de l'air rend mal compte du retour du soleil et de la lune vers les tropiques ; et le dessein (chez le *Nous?*) de varier les climats et les saisons explique mal l'inclinaison de la terre. L'idée de l'élargissement constant de la sphère du mouvement et de l'organisation progressive de l'univers sont de valeur, ainsi que l'idée d'une force qui projette loin du centre des masses incandescentes. Mais pourquoi ces masses sont-elles plates ? Pourquoi l'origine du mouvement fut-elle au septentrion ? On comprend mieux que le plus grave se soit d'abord concentré au milieu de la sphère. C'est accorder peu au soleil que de le dire un peu plus grand que le Péloponèse, et il est tout à fait étrange d'expliquer la voie lactée par l'ombre de la terre, sur laquelle trancherait la lumière des étoiles dans la région du ciel où elle se projette. La naissance des vivants à la suite d'une pluie de germes tombés de l'air ou des vapeurs atmosphériques et prospérant ici-bas grâce à la chaleur, est une théorie pour une moitié arbitraire, et banale pour l'autre moitié. La physiologie d'Anaxagore en contient d'autres du même genre, et qui vont mal avec des vues comme celle-ci, par exemple : toute la supériorité de l'homme vient de ce qu'il a des mains. Si cette affirmation cadre mal avec le spiritualisme du Clazoménien, elle s'harmonise du moins avec l'aspect mécaniste de son système. Pour sa psychologie, qui est trop objectiviste, elle contient quelques idées intéressantes, dont celle-ci : les qualités sont perçues en nous par leurs contraires. Faut-il voir là un pressentiment du rôle que la différenciation joue dans la conscience ?

Tout compte fait, Anaxagore montre à merveille à quel point la spéculation grecque primitive avait besoin de renouvellement. L'Ionisme ne pouvait à lui seul produire finalement mieux que la philosophie d'Anaxagore et, nous le verrons, celle de Démocrite. De son côté l'Eléatisme pur s'était fermé toute voie vers le progrès, et le Pythagorisme ne prospérait que grâce à sa souplesse, qui lui permettait d'heureuses évolutions. Que l'on ne s'étonne point outre mesure de la faillite momentanée de la spéculation antésocratique ; pareils aux autodidactes que nous pouvons encore observer parmi nous, ces vieux philosophes, qui avaient trop peu de science, étaient fatalement condamnés à ne plus développer, au bout d'un temps assez court, que de pauvres paradoxes. Une fois qu'ils eurent tiré les conséquences les plus immédiates des quelques idées géniales qui avaient lui en leurs intelligences, leur rôle était fini. On ne peut aller indéfiniment de l'avant quand on veut connaître le monde en le devinant ; et ils étaient à peu près réduits à le deviner.

CHAPITRE VIII

Les Atomistes : Leukippe, Démokrite.

On peut oublier qu'Empédokle, Anaxagore, Mélissos, Philolaos, Diogène d'Apollonie, Protagoras et Démokrite furent plus ou moins contemporains de Sokrate, car les plus âgés d'entre eux ne lui prirent aucune idée, et, de son côté, il ne crut pas devoir s'attarder à considérer le détail de leurs doctrines, exception faite, plus ou moins, pour celles de Protagoras et de quelques Sophistes ; les grands penseurs que nous avons étudiés jusqu'ici, il ne les aperçoit guère qu'à travers ces derniers. Au contraire, il y a des réactions multiples entre la plupart des écoles, toujours vivantes, dont il a été parlé ; allons plus loin, il existe une sorte de continuité entre les plus inconciliables des philosophies qui s'y sont élaborées ; leurs affirmations ou s'enchaînent, ou suscitent soit des affirmations opposées, soit des points de vue qu'inspire le souci d'échapper à des objections dont on a compris la force.

Sokrate apparut en pleine période critique ; à

côté de la critique plutôt sceptique, celle des Sophistes, il existe alors une critique constructive et jusqu'à un certain point syncrétique, celle des derniers dogmatiques de la première époque. C'est chez les Atomistes surtout que l'on sut mettre à profit le meilleur des idées qui s'étaient fait jour. L'originalité de cette école est grande, mais elle est dans des inventions qui permirent de conserver les plus précieux des enseignements des Ioniens, des Éléates et d'Héraklite.

Leukippe, né à Milet probablement, et dont la naissance doit être très antérieure à 460, date de celle de Démokrite, son disciple, avait entendu Zénon. L'Atomisme est sa création, ou à peu près. Son œuvre disparut dans celle de son continuateur, dont on la distingue mal ; on a douté, à tort, semble-t-il, de l'existence de Leukippe. Il est de ceux dont la gloire n'égale pas la valeur ; et de ceux-là est aussi, toute proportion gardée, Démokrite lui-même, dont tout porte à penser que les travaux, très considérables, mais auxquels les grandes philosophies socratiques portèrent nécessairement ombre, devaient avoir tous un extrême intérêt. La réputation qu'il conserva, grâce à l'Epicurisme qui s'inspira de lui en l'affaiblissant, est, même aujourd'hui, fort au-dessous de ce qu'elle devrait être. Certes, il est d'autres Antésocratiques qui auraient aussi mérité plus de disciples immédiats qu'ils n'en firent, et il y a dans l'Atomisme des lacunes déplorables ; mais, à bien des égards, Démokrite est l'un des ancêtres les plus authentiques des penseurs modernes.

Il était originaire d'Abdère et il y mourut,

peut-être centenaire. C'est là qu'il enseigna et écrivit, quand il ne voyageait pas en Orient ou en Egypte, sans cesse occupé à augmenter son savoir, qui fut encyclopédique, et à éclaircir les notions qu'il acquérait sur toutes choses. Nul ancien ne fut si proche de ces savants de la Renaissance que la science rendait philosophes : aussi l'ont-ils en général vénéré, plus justes envers lui que la plupart des philosophes professionnels des autres époques. Il paraissait assez étrange à ses contemporains, qu'il éloignait de lui par la rigidité de ses principes, par le ton tranchant de ses affirmations, et que blessaient les dédains qu'il ne ménageait point à la foule.

Si, toutes réserves faites, Parménide avait inventé la distinction de la science et de la métaphysique, Démocrite la retrouva ; mais, tandis que le premier rejetait ce que nous appelons science, le second rejeta ce que nous appelons métaphysique. Il est merveilleux de le voir, à cette époque reculée, n'hésiter point à expliquer toutes choses au moyen de mouvements causés, à l'infini, par des mouvements antérieurs. Pour se décider à commettre cet illogisme apparent, qui en serait un, et manifeste, dans une doctrine métaphysique, il fallait qu'il eût vraiment, des conditions du savoir positif, une idée assez pareille à la nôtre, l'idée que ce savoir se doit interdire rigoureusement toute allusion aux premiers commencements.

Leukippe et Démokrite sont aussi loin d'Anaxagore par certains côtés qu'ils se rapprochent de lui par d'autres, si l'interprétation que nous avons proposée de la doctrine de ce dernier est exacte. Pour eux, le nombre des éléments est infini ; ils sont éternels, immuables en quantité et en qualité, mais rigoureusement impénétrables et tous de même nature, séparés par des intervalles vides grâce auxquels s'expliquent le mouvement, les différences de densité, de consistance, et l'origine de toutes les impressions diverses que font sur nous les choses. Comment, sans le vide, expliquer la croissance des vivants par la nutrition et la possibilité de la pénétration, dans un vase plein de cendres, d'un volume d'eau égal à leur masse ? Rien dans ces éléments ne les différencie du vide d'une manière qui parle à notre imagination ; n'étaient les propriétés mécaniques qui se joignent à leurs propriétés mathématiques, ils ressembleraient tout à fait au non-être qui les encadre et les sépare. Mais ce non-être, de son côté, joue un rôle tellement important dans la formation des choses, qu'il acquiert par là, malgré son néant, comme une sorte de réalité. Présentés comme ils le sont chez les Atomistes, l'être et le non-être paraissent se rapprocher, chacun de l'autre, presque de la moitié de la distance qui les sépare. En dépit de sa croyance au vide, Démokrite évoque la pensée de Descartes ; il évoque aussi celle d'Anaximandre, tant son être est peu déterminé, et celle d'Anaximène et d'autres encore qui furent si près de morceler la réalité en atomes. Il n'est pas le premier qui ait essayé d'éliminer de la théorie du monde toute idée de transmutation ; mais nul, sinon son maître Leukippe, n'avait encore si bien réussi à expliquer la diversité, à l'expliquer sans préjudice pour cette unité que presque tous leurs prédécesseurs entendaient maintenir quand même ; le but de ceux-ci, en somme, avait été d'éviter de recourir à cette diversité primitive infinie dont Anaxagore ne craignait pas de faire le principe de sa doctrine. Suivant Démokrite, tout se produit par agrégation, tout se détruit par désagrégation d'atomes ; leurs différences de forme, de grandeur, d'ordre, de position, les différences fortuites des édifices qu'ils construisent en s'agrégeant, les différences non moins fortuites qui se joignent à celles-ci, comme la réduction à l'état pulvérulent ou l'existence en masses considérables, les différences, enfin, des organes sur lesquels agissent des états de ces organes, voilà de quoi permettre de concevoir que des circonstances d'ordre purement géométrique et numérique puissent donner lieu à des sensations qualitativement différentes. D'autre part, ramené à l'atome, le réel ne garde-t-il pas l'unité, l'identité et tous les autres attributs que Parménide jugeait essentiels à l'être ? Au lieu de nier le mouvement pour sauver la réalité de l'être et tout d'abord pour échapper à la nécessité d'admettre la pluralité à laquelle l'être répugnerait, il faut, suivant Démokrite, poser la pluralité et même le vide, afin d'expliquer cette diversité et ce mouvement qui ne peuvent être niés. Dès lors, qu'est-il encore besoin de déterminer la matière première comme Héraklite, d'admettre une diversité minima comme Empédokle, de tout confondre dans une variété originelle infinie avec Anaxagore ? Avec l'Atomisme, l'Ionisme est achevé, l'Eléatisme est rectifié, Héraklite, Empédokle sont dépassés, et l'Anaxagorisme devient en partie inutile. Le principe de tous ces progrès, c'est l'emprunt fait aux Pythagoriciens de leur vide dont on a fait un vrai vide, et la conversion de leur point mathématique en un être nettement physique.

Sans doute, l'idée d'un insécable ne nous satisfait pas complètement ; celle d'une petitesse absolue et pourtant non infiniment petite nous inquiète ; nous pensons volontiers qu'il y a plus de richesse dans le fond des choses que n'en suppose Démokrite ; et nous avons peu de goût pour le vide, etc. Mais nous prenons cependant notre parti des défauts de l'Atomisme, qui nous rend des services incomparables aujourd'hui encore. Nous passons sur ses difficultés sans remords, grâce à notre croyance à la symbolicité de la vérité scientifique. La science, pensons-nous, suppose la réalité de l'espace, qui n'est guère moins synonyme du non-être que l'antique vide, et guère moins étonnant que lui si on le remplit d'éther, car il n'est pas l'éther même ; la science exige la réalité du temps, du mouvement, et peut-être requiert-elle une positivité de la notion d'infini que ne postule point la pratique de la mathématique, mais que postule la philosophie de cette pratique ; en tout cas, elle exige des particules insécables comme les dernier éléments du Dr Lebon, que cet éminent savant dématérialise au reste beaucoup plus qu'il n'est nécessaire. Mais peu nous importe que la philosophie nie en tout ou en partie l'objectivité de ces notions, car la divisibilité absolue de l'espace, par exemple, est aussi indifférente à celui qui croit l'espace subjectif, qu'à celui qui, comme Démokrite, tient l'atome pour une réalité physique absolue et non plus, ainsi que faisaient les Pythagoriciens, pour une réalité d'essence mathématique ; nous nous consolons de ne poser qu'en métaphysiciens l'existence de réalités infiniment diverses et complètement individualisées, en songeant que l'Atomisme n'est que d'un emploi scientifique ; et nous maintenons ferme que, pour la science, les éléments derniers doivent avoir même qualité, l'énumération d'une liste de corps simples n'étant qu'un relai dans la marche de l'esprit vers la cosmologie phénoménale définitive. La science n'est, semble-t-il, que la logique appliquée à une systématisation de phénomènes assez commode et propre à nous permettre de les prévoir, une systématisation, cependant dont la vérité doit être parallèle à celle de la métaphysique que nous construirions si nous voyions en eux-mêmes les événements que notre mentalité traduit en phénomènes. Cette vérité est cela, mais elle n'est que cela ; elle n'est que cela, mais elle est cela. — On le voit, en le transposant, l'essentiel de Démokrite nous convient encore. Il eut à demi conscience du positivisme qui était en lui. Traité comme pur savant, il est nôtre. Et, en parlant ainsi, l'on ne nie point que la physique mathématique ne conduise en un sens vers l'idéalisme ; mais il serait étonnant qu'un savoir symbolique n'autorisât qu'une philosophie ; avec presque autant de facilité la science favorise un usage matérialiste de ses résultats.

Constance quantitative et qualitative des éléments, causalité rigide, tels sont les principes qui dominent la physique atomistique, avec cet autre, moins évident, que les atomes doivent être d'une forme très diverse, non seulement pour que la variété infinie des résultats de leur rencontre s'explique, mais aussi parce que, nous dit déjà Leukippe, il n'y a pas de raison pour qu'ils se ressemblent tous. Il y a quelque chose qui fait prévoir l'étroitesse du matérialisme vulgaire que nous connaissons tous, dans le parti pris, cependant louable, avec lequel l'école rend compte de toutes choses par ces principes, les atomes, le vide et le mouvement.

Ce mouvement, sans lequel le *Kosmos* ne se formerait pas, crée à l'infini des mondes dont le nôtre n'est pas le centre et dont les apogées, infiniment diverses, se suivent au gré de la nécessité qui rassemble et désunit au hasard, dans le vide, les éléments pleins, compacts et impénétrables. Comment s'explique-t-il ? Par le choc. Et le choc ? Par un mouvement antérieur. Et il en fut ainsi toujours. Si cette éternelle alternance nous trouble, Démokrite, en nous présentant le mouvement comme inhérent à la matière même, qui serait active autant que passive, nous offre un moyen de nous étonner un peu moins ; cette vue est d'ailleurs aussi moderne que l'interdiction de s'interroger sur les premiers commencements. La porte n'est pas absolument fermée au dynamisme, dans la doctrine de Démokrite ; l'Hylozoïsme ionien ne s'annule pas en lui jusqu'à la dernière trace. Mais un retour à quelque chose d'analogue ne s'est-il pas produit de nos jours au sein même du mécanisme, que nul ne songe à abjurer tout à fait ?

Grâce au mouvement il se joint, aux qualités premières des choses, une qualité qui, pour Démokrite, résulte de l'une de celles-ci : la grandeur contient la raison de la pesanteur. Les qualités que l'on devait plus tard appeler « secondes » sont déjà subjectives à ses yeux. Quel génie ne fallait-il point, pour songer à déduire la pesanteur, au lieu de précéder Epicure en faisant d'elle, comme il eût été si naturel, une qualité fondamentale de la matière ! Quelle satisfaction ce serait, pour la science moderne, si elle pouvait déduire, ainsi qu'elle le souhaite, la qualité que Newton, faute de mieux, enfermait encore dans la masse sous le nom d'attraction, à la manière d'une vertu scolastique ! Ajoutons pourtant que sinon chez Démokrite, du moins chez ses disciples, la pesanteur fut conçue plus conformément à l'opinion vulgaire.

Tout se passera mécaniquement comme si l'amitié d'Empédokle ou plutôt son attraction agissaient dans le monde ; de même que dans les tourbillons de vent que nous pouvons voir, ou par suite du mouvement voulu du vanneur, il s'opérera, dans le grand tourbillon mondial résultant des mouvements qui se heurtent de flanc, une ségrégation des éléments qui se ressemblent. Les atomes se grouperont d'après leurs ressemblances de taille et de figure ; d'où toutes les choses de composition plus ou moins homogène que nous rencontrons. Démokrite évoque donc, malgré la différence des temps et des doctrines, la pensée de Spencer; leurs évolutionnismes sont parents.

Il est incontestable que les formes bizarres des atomes de Démokrite, avec les ornements qui déterminent par avance leurs chances d'union avec d'autres, et leurs crochets qui symbolisent de trop loin ce que nous nommons affinités, détonnent dans le parti pris général, si peu puéril, de l'Atomisme. Il est certes ingénieux d'expliquer que le fer soit plus dur que le plomb pourtant plus lourd, en alléguant que le vide, moindre dans celui-ci, est moins également réparti dans celui-là; d'expliquer l'acide par des angles petits et subtils, le doux par la rondeur d'atomes pas trop petits, le blanc par le lisse, le noir par le raboteux, et les deux autres couleurs fondamentales, le rouge et le vert, par d'autres qualités géométriques; mais il est clair que ces vues sont sans valeur. Observons cependant qu'en ses parties obscures, notre physique cherche, dans ses hypothèses auxiliaires qui souvent méritent de se démoder promptement, de quoi achever de construire des théories dont le fond est sûr et que l'on veut à cause de cela formuler sans plus attendre. Et puis, ce n'est pas peu de chose que d'avoir entrevu, ainsi que fit Démokrite, la théorie des synthèses graduées et successives.

Dans un tel monde, un Dieu est inutile, mais des dieux sont possibles, des dieux mortels auxquels permettent de vivre, en des régions qui s'y prêtent, les mêmes lois nécessaires qui favorisent l'existence des êtres vivants dans tous les astres où il y a l'eau et les autres choses nécessaires à la vie. Démokrite pense même que la divination, qui consiste à interroger des êtres plus durables et plus savants que nous, n'est pas absurde, mais c'en est fait avec lui de cet animisme que nous avons vu survivre encore dans des philosophies comme celles d'Empédokle. Quant aux dieux de la foule, il accuse précisément l'animisme, avec la peur, de les avoir créés.

Les organismes sont sortis de la boue après le temps où la terre est entrée dans la période de repos au centre de son tourbillon ; ils sont autres probablement dans les autres mondes, qu'il est insensé de croire déserts. En chacun de ces organismes, il y a une âme ; dans l'homme, elle est tout à la fois ce qui meut le corps et ce qui pense ; cette âme est de l'air aux atomes ronds et lisses, très mobiles, qui entrent en nous par la respiration, se vont loger dans les intervalles des particules qui composent notre corps, et sortent de nous quand nous chassons notre souffle au dehors ; pendant le sommeil, nous en possédons moins ; et quand il n'en reste plus, c'est la mort. Ils se concentrent surtout dans le cerveau, qui pense grâce à leur mélange avec sa matière, dans le cœur qui s'émeut, dans le foie siège du désir. C'est l'état du mélange des éléments constitutifs de nos organes qui décide de ce que l'âme réussit ou échoue à y faire ; doctrine profonde, mais étrange en son inachèvement et qui, telle qu'elle est, explique assez peu de notre activité vitale et pensante. La totalité des éléments mentaux n'est qu'une somme, elle n'est aucunement divine, et il n'y a pas en nous de véritable unité.

La théorie démocritéenne de la perception a été esquissée en partie ; ainsi que celle de la vie, elle est à demi géniale, à demi bizarre, grosse de préjugés grossiers et de vérités positives précieuses. Des objets, il se détacherait comme des empreintes de faible épaisseur, qui pénétreraient en nous par les yeux, d'où la perception visuelle qui est un choc de ces empreintes sur l'élément âme qui est en nous, ou l'emprisonnement même de ces empreintes par notre substance percevante ; tout ce qui se voit existe donc ; la meilleure preuve qu'il y a des dieux, dans un tel système, c'est que l'on en rêve. Toutes les autres sortes de perceptions seraient aussi, par l'intermédiaire de leurs organes propres, comme un toucher, un toucher différent suivant les atomes qui arrivent vers eux et selon ceux qui composent ces organes ; les atomes d'âmes qui se pressent en certaines parties du corps font celles-ci sensibles. C'est pourquoi la perception ne révèle rien de proprement objectif ; elle n'apprend qu'elle-même, connaissance obscure dont la vanité est manifestée par les différences des sensations suivant les êtres, les âges, l'état de la santé, etc... Ce qu'on dit des choses sur la foi des sens n'est que l'opinion d'une majorité ; ce n'est que convention. Rien de spiritualiste, chez Démokrite, dans l'attribution de la connaissance légitime à la raison ; la raison, c'est le cerveau jugeant bien par analogie avec le plus sûr des données des sens, grâce à l'absence d'un excès d'humidité et à une température convenable ; ce n'est rien de plus.

Il est très regrettable que nous possédions si peu de renseignements sur l'ouvrage où Démokrite conseillait le philosophe dans la recherche du vrai ; il y exposait sa méthode, que deux préceptes résument : suivre l'expérience, et raisonner par analogie avec elle ; la seule idée d'écrire sur ce sujet est plus remarquable que tels des résultats de la méthode démocritéenne. La grande prudence, le subjectivisme d'ailleurs modéré, l'empirisme plutôt matérialiste de Démokrite l'ont fait accuser à tort de scepticisme.

Ainsi que Pythagore et Héraklite, mais bien plus qu'eux, il est préoccupé de l'homme, spécialement de l'homme moral. Il est hédoniste, c'était fatal ; mais il l'est en sage, en intellectuel fin, distingué et optimiste. Le bien, pour lui, c'est le bonheur, mais celui qui peut agréer au philosophe amant du vrai, prudent, sans préjugés grossiers, habile à chercher en soi une satisfaction toujours accessible à qui connaît la nature et se connaît lui-même, habile à modérer tous ses désirs, à choisir les biens certains et durables, vertueux par intérêt sans doute, mais sachant dans quelle large mesure l'intérêt coïncide avec ce qu'on nomme vertu. Héraklite veut qu'on agisse toujours par réflexion, non par peur ou par entraînement. A certains moments, il dépasse beaucoup la morale plutôt littéraire et assez banale qui est d'ordinaire la sienne, quand par exemple il appelle le corps la tente de l'âme, ou qu'il reconnaît à l'intention une valeur plus grande qu'à l'action. Mais quand il déconseille le mariage à cause des tracas qu'il amène, ou qu'il prélude à un cosmopolitisme plus commode que généreux, il montre bien que le niveau de son éthique, à quoi cela est conforme, n'est pas très élevé.

Il eut des disciples, mais parmi eux il faut compter des Sophistes. Le meilleur de ses doctrines ne fructifia que médiocrement. Il en passa cependant quelque chose chez Platon, Aristote et les Stoïciens, mais bien moins que d'Héraklite. Et il fit la fortune du pauvre Epicurisme. Malgré toute la valeur des dernières philosophies que nous venons d'examiner, il était temps que l'esprit grec se renouvelât ; les Sophistes, quelque mal qu'on puisse penser d'eux, venaient à leur heure.

CHAPITRE IX

Les Sophistes : Protagoras, Gorgias, Prodikos, Hippias.

Si tous les Sophistes avaient été des sceptiques et des jongleurs d'idées, des utilitaires avides de gain et d'applaudissements, il serait plus aisé qu'il ne l'est de parler d'eux brièvement, car très pauvre serait leur pensée, et très monotone l'histoire de la Sophistique. Mais il n'en est pas ainsi, comme il résulte de la revision, assez récente, de leur procès. Le jour viendra bientôt où l'on hésitera à parler d'eux en bloc, à employer pour désigner leurs doctrines un vocable unique, comme s'ils avaient formé une école. Il n'y a pas de Sophistes comme il y a des Eléates ; ce mot ne devrait désigner, à peu près, que la profession par eux exercée. C'étaient des professeurs d'un savoir en général fort vaste bien qu'assez superficiel, qui enseignaient aux jeunes gens philosophie et rhétorique, archéologie et économique, politique et stratégie avec une égale virtuosité ; ils étaient aussi conférenciers, conseillers des cités et des chefs des cités, parfois fort honnêtes, et même estimés jusque dans cette Sparte où les beaux diseurs n'obtenaient pas d'ordinaire grand crédit. Nulle part, à la vérité, on ne jugeait très honorable qu'ils fissent payer leurs leçons, mais on sentait qu'ils étaient nécessaires, et pour compléter l'éducation, fort sommaire, que l'état dispensait alors, et pour accroître la culture générale, dont les seuls promoteurs possibles étaient ces hommes à l'horizon souvent plus étendu que les philosophes et qui parlaient à de plus grands auditoires. Leur liberté d'esprit plaisait jusqu'en ses excès à des générations affinées, passionnées de beau langage, frondeuses à l'égard des traditions, curieuses de points de vue neufs et d'inventions ingénieuses en tout genre, mais spécialement de toute théorie ayant pour objet l'homme et ce qui le concerne. En somme, quand ils apparurent, vers le milieu du ve siècle, les Sophistes trouvèrent une société faite pour eux et où leur place était marquée.

Ils sortaient en général, surtout au début, des écoles de philosophie ; c'est pourquoi la Sophistique honorable, qui ne dura guère plus d'un demi-siècle, fut celle du commencement. Mais il y eut des Sophistes jusqu'à la fin des temps antiques ; des hommes de conditions fort diverses et de presque toutes tendances se rattachèrent à eux. Si nous les considérons à travers les œuvres de Platon et d'Aristote, ils apparaissent tels que se les représente aujourd'hui le vulgaire, comme des sceptiques et des disputeurs fallacieux, vains jusque dans leur ajustement et malhonnêtes par principes, prouvant avec une égale ardeur, une même chaleur communicative, le pour et le contre. C'est à peu près cela qu'ils devinrent en effet, mais non pas d'une manière si générale que le nom de Sophiste ne pût, longtemps encore après Sokrate comme avant lui, être appliqué à des sages, à des philosophes authentiques, à des hommes habiles en des domaines divers et aussi dignes d'estime pour leur moralité que pour leur savoir. Ils ont, hélas ! poussé à l'abus de la subtilité dialectique autant qu'ils en ont favorisé le légitime usage, et démoralisé leurs concitoyens autant qu'ils les ont portés à réfléchir sur les choses morales ; ils ont contribué à la diffusion du scepticisme, du scepticisme religieux en particulier autant que préludé à la création de la logique, de la critique de la connaissance et de l'exégèse de bon aloi ; ils ont travaillé à l'énervement de la langue grecque autant qu'ils ont été bons grammairiens et utiles philologues ; ils ont peut-être plus encouragé les esprits à se contenter de traiter avec brio de toutes choses qu'ils n'ont développé dans l'âme grecque le goût d'une culture universelle ; mais, pareils aux penseurs de notre XVIIIe siècle et de l'*Aufklärung* allemande, ils ont été ceux sans lesquels bien des progrès ne se seraient pas produits. Le meilleur de leurs idées leur vint primitivement de leurs amis ou de leurs maîtres philosophes, ou encore de ces penseurs, si nombreux au Ve siècle, que l'histoire n'a point sacrés philosophes parce qu'ils n'ont pas élaboré de systèmes, mais dont la sagacité s'exerça sur tant de points de morale, de politique, d'histoire, de médecine ou d'autres sciences soit théoriques, soit pratiques. Ils se sont eux-mêmes souvent adonnés à des recherches scientifiques. S'ils se gâtèrent au point que l'on sait, il est juste d'en accuser en partie leurs clients, qui leur demandaient de les débarrasser de scrupules gênants, de les munir de recettes pour réussir en toute occasion à la tribune et ailleurs. On voulait qu'ils fussent des professeurs de succès, et ils se prêtèrent à documenter les arrivistes. N'étaient-ils pas, dès le temps des siciliens Korax et Tisias, des maîtres d'éloquence ? Rapide fut leur déchéance, dont le cours se dissimula assez longtemps sous une vogue croissante, avant que leur nom devint une injure. Quel écart entre Protagoras, entre Gorgias et Hippias eux-mêmes et surtout Prodikos d'une part, et de l'autre Polos, Thrasymaque, Euthydème, Kalliklès, Dionysodoros, etc. ?

On a dit justement que la Sophistique fut le triomphe de la subjectivité, de l'individualisme intellectuel et moral ; mais les premiers moments de la dissolution furent féconds pour la rénovation qui s'imposait. Cette rénovation, c'est vraiment Sokrate qui l'accomplit, et les Sophistes, qu'il méprisait pêle-mêle avec de vrais philosophes, appartiennent encore notablement au passé. Sokrate, l'un des Sophistes quoique leur ennemi, c'est l'avenir ; et tous les dogmatiques antérieurs, malgré les germes féconds qu'ils ont semés mais qui vont dormir un temps plus ou moins long, sont bien le passé. Sans doute, les Sophistes ont puissamment aidé à modifier l'orientation de la philosophie, mais que de survivances dans leurs plus incontestables nouveautés ! Les ruines qu'ils firent, ruines parfois heureuses, sont plus considérables que leurs inventions, parfois très puériles et regrettables. Il importe de ne pas oublier que les plus célèbres d'entre eux furent contemporains des derniers philosophes de la première époque et ceux de Sokrate, et qu'ils fleurirent au temps où la civilisation d'Athènes — le Prytanée de Sagesse, comme dit Hippias — atteignit son apogée.

I. *Protagoras.* — La mémoire de l'abdéritain Protagoras, qui naquit en 481 et périt dans un naufrage en fuyant, l'an 441, la ville qui le condamnait pour cause d'impiété, ne connaîtra jamais, en dépit de toutes les réhabilitations, une gloire pareille à celle qui entourait à Athènes l'éloquent et magnifique ami des Périklès et des Euripide. Du législateur de Thurii, de l'inventeur du coussin si bien accueilli par les portefaix d'Athènes, de l'auteur de tant d'ouvrages sur la grammaire, la correction du langage, la technique des métiers, l'organisation des états, la conduite des hommes et la justice pénale, sur la vertu, l'être, la vérité, etc., il ne nous reste presque rien. Mais si l'on ne peut par là même le défendre contre toutes les légendes qui le déprécient, il est assez manifeste, cependant, qu'il fut calomnié ; ce qui n'autorise point, au reste, à forger un Protagorisme irréprochable, profond et cohérent, comme l'ont tenté plusieurs historiens récents.

Suivant Platon, l'homme individuel était, pour Protagoras, la mesure de toutes choses ; cette opinion, qui s'entend fort bien en un sens non sceptique, semble pouvoir s'interpréter ainsi, étant donné l'agnosticisme métaphysique du sophiste : nous ne percevons rien d'autre que l'effet composé d'une insaisissable réalité et de notre nature telle qu'elle est affectée, au moment où nous percevons, par l'âge, l'état de la santé et toutes les circonstances infiniment variables où nous nous trouvons. Voilà qui est clair, et il n'y a point là de scepticisme, puisque toute perception est vraie pour qui admet la fameuse proposition de Protagoras. Il ne faut pas, sous prétexte que le sensualisme de son contemporain Démokrite insiste plutôt sur la nature de l'homme envisagé comme espèce, ou bien sous prétexte qu'il n'y a rien de pareil à l'interprétation de Platon dans tel livre anonyme qui semble d'inspiration protagoricienne, rompre avec le commentaire traditionnel, récemment perfectionné, de la phrase en question ; elle s'explique sans difficultés dans le sens ici indiqué, et un démocritéen pouvait l'approuver en partie tout aussi bien qu'un disciple de cet Héraklite dont Protagoras était lui-même l'élève. Seul un Eléate s'en pouvait scandaliser, bien qu'en somme pour lui comme pour notre sophiste il n'y eût que le réel de perceptible vraiment. Certes, si la réalité en soi est elle-même changeante, nos perceptions n'ont plus d'attache avec quoi que ce soit de fixe ; mais alors, ce n'est pas vers le sensualisme courant que tendrait l'opinion de Protagoras, ce serait plutôt vers le Scepticisme ; car, du phénoménisme pur, il ne saurait exister à cette époque la moindre trace. Mais Protagoras n'approfondit pas les conséquences de son relativisme ; prenons-le donc comme il nous le donne ; il suffit à la gloire de son auteur. On exagérerait son mérite si on lui attribuait l'idée nette d'une certaine « vérité humaine » dont il est parlé chez les Positivistes modernes, ou chez les Kantiens ; et il est curieux de voir ceux qui le veulent confondre avec les sensualistes ordinaires, le tirer en même temps vers Kant plus que ne font les historiens que nous approuvons. On doit avouer pourtant que Protagoras paraît en fait oublier bien souvent ce que son sensualisme a de spécial, de strictetement individualiste ; mais quoi ! n'est-il pas aussi, très souvent, tout pareil à un rationaliste, à un dogmatique ? Pourquoi vouloir qu'il ait été tout d'une pièce ? Ce n'est pas qu'il ait, lui, fait profession de prouver le pour et le contre sur un même sujet ; il ne s'est pas amusé à faire miroiter des sophismes ; mais il eut assez de sagacité pour apercevoir la complexité des problèmes qui se posent à l'homme, et la force des arguments qui peuvent être dressés pour et contre une même thèse ; le lui reprocherons-nous ? Rien ne prouve qu'il soit allé plus loin ; rien ne prouve, en particulier, qu'il ait pratiqué la rhétorique autrement que comme un art de fortifier le parti le plus faible quand il mérite d'être le plus fort.

Il eut, semble-t-il, à un haut degré, le goût de la mesure ; s'il déclare qu'on ne peut arriver à bien traiter des dieux, c'est prudence de sa part et non point athéisme ; s'il est agnostique en métaphysique, c'est qu'il ne rencontre rien d'absolu parmi tout ce qu'il perçoit ; il ne pense rien sur les choses qu'il ne voit pas. pour la même raison qu'il ne nie rien de ce qu'il voit ou même de ce que voient les autres sans qu'il le voie lui-même. C'est là sa façon d'être sage. Il est téméraire de le représenter, une réflexion de Gœthe aidant, comme une sorte de pragmatiste affirmant ce qu'il est utile d'affirmer et cela seul. N'enseigna-t-il pas la sagesse domestique et civique, la modération et la justice ? Et déclarer que tout plaisir n'est pas un bien, est-ce d'un pur sensualiste ? Faire dépendre le bien de l'opinion est parler, il est vrai, de façon équivoque ; mais il n'y a point d'équivoque à préconiser, comme il fit, le bien qui dure. Là et ailleurs, Protagoras est aussi éloigné que possible du subjectivisme radical. On oublie trop, à son sujet, qu'il existe un dogmatisme très conciliable avec un subjectivisme très avancé déjà, et qu'un philosophe peut être encore beaucoup plus négateur en métaphysique que ne le fut notre philosophe, sans être pour cela sceptique en d'autres domaines. Et l'on peut tenir, comme lui, le langage pour un ensemble de conventions, sans être sceptique ou nihiliste en morale ou même en science. On peut, surtout, être incohérent quand on n'est pas plus un philosophe de race que ce Sophiste. Au reste, quel philosophe est sans contradictions ?

II. *Gorgias*. — Combien moins sympathique est l'encombrante personnalité du sicilien Gorgias, que Léontini, sa patrie, envoya en 427 demander du secours à Athènes contre Syracuse ! Immense fut sa gloire, dont il jouit longtemps, car il devait être centenaire quand il mourut à Larissa, en Thessalie, vers 375, retiré des affaires après fortune faite. Ce contemporain de Protagoras, d'une vigueur d'athlète, prosateur savant et artificiel, qui se mêla de tout, même d'optique, fut essentiellement un professeur d'éloquence amoral. Toute la Grèce courut à ses discours, à ses éloges, à ses oraisons funèbres, et il éblouissait les jeunes gens qui lui demandaient des leçons de sagesse, en ajoutant à un vague Empédoclisme des paradoxes imités plus encore qu'inspirés des Eléates. On doit louer ses efforts pour promouvoir l'union des Hellènes, et l'on ne peut contester qu'il émit des idées ingénieuses sur un certain nombre de sujets ; mais sur quoi se fonder pour réhabiliter l'homme qui fit de la justice et de la rhétorique, comme dit Platon, des empirismes comparables au métier du flatteur et à celui du cuisinier, et pour qui la fin de l'éloquence était uniquement le succès de l'orateur ? Comment voir un défenseur de la science prudemment attentive à suivre l'expérience et à ne la point dépasser, dans le Sophiste au nom duquel est attachée l'invention de trois arguments des plus faibles ? — Rien n'existe, disait-il, car dire que le non-être n'est pas, c'est le poser réel par là même qu'on en dit quelque chose ; voilà donc le non-être assimilé à l'être, et l'être qui s'abîme, en même temps, dans le non-être ! De plus, si l'être était, il ne pourrait naître de l'être ni du néant ; il ne pourrait non plus être éternel, car il faudrait qu'il fût infini, et l'infini ne saurait être ni en soi ni en autre chose. — Il ajoutait que si l'être était, il serait inconnaissable, car si l'être était connu, il le serait par une pensée dont l'objet serait tout entier réel, de sorte que tout ce que l'on pense d'impossible, d'absurde, comme par exemple une course de chars sur la mer, serait réel. — Il allait plus loin encore. Si l'être était connaissable, disait-il, la science n'en pourrait être communiquée, car qu'y a-t-il de commun entre les mots, qui ne sont que des sons, et les choses qu'ils désignent ? Et comment une même chose serait-elle pensée par deux individus différents ? — Pourtant, il y a plus de vanité et de sottise que de perversité chez Gorgias, qui valait encore mieux, en somme, que ses théories. Trop de complaisance pour un art où il excellait et trop de goût pour la gloriole, voilà ses défauts de fond. On ne peut défendre aussi bien la plupart de ses imitateurs.

III. *Prodikos de Keos et Hippias d'Elis* sont de jeunes contemporains de Protagoras et de Gorgias. Le premier mérita l'estime de Sokrate ; il conseillait l'effort et Héraklès était son héros. Il était utilitariste, sans doute, et pessimiste, mais ce fut un éloquent prédicateur de vertu ; il enseignait que la mort n'est point à craindre tant que l'on vit, et qu'elle n'est rien pour ceux qu'elle a frappés ; mais tant s'en faut qu'il n'ait fait autre chose que d'imaginer des raisonnements aussi artificiels. Il laissa des travaux sur le langage, sur l'origine des mythes, qu'il expliquait par l'animisme naturel à l'homme et par sa tendance à diviniser les inventeurs. Jamais les Sophistes n'eussent eu mauvaise réputation s'ils avaient compté beaucoup de Prodikos. — On n'en peut dire tout à fait autant d'Hippias, que le spectacle de la diversité des législations et l'observation de la nature humaine en général conduisirent à ne voir dans les lois que des moyens d'opprimer les hommes; elles lui semblent une violence faite à la nature. Cependant il reconnaît une valeur absolue à certains préceptes ; aussi peut-on croire qu'il se défiait plus des codes qu'il n'était sceptique sur le fond de la morale. L'ensemble de ses travaux embrassait toutes les sciences alors connues, les plus jeunes comme les plus anciennes, et il excellait en tout genre de littérature. Bref, il fut l'un des plus brillants parmi les sages du type nouveau.

Tout ce qu'il y avait de dissolvant dans la doctrine des Sophistes porta vite ses fruits. Platon ne paraît pas avoir exagéré les défauts de Polos, l'assistant de Gorgias, ni le cynisme de Kalliklès qui est le Nietzche de l'antiquité. Les Thrasimaque, les Euthydème, les Dionysodoros, les Kritias et tant d'autres mettent à la mode le scepticisme, plus que cela, la négation audacieuse ou ironique de toute vérité morale, de toute croyance religieuse. Tout ce qu'ils ramassent de science, tout ce qu'ils ont d'esprit ou d'éloquence, ils l'emploient à faire la critique de ce qui était vénéré, l'apologie de la nature, de l'amoralisme et du succès. L'érudition, l'ingéniosité d'un très grand nombre assure leur crédit, et on leur pardonne de n'avoir aucun préjugé parce qu'ils amusent et même instruisent. A côté d'eux travaillent des médecins, des historiens, des polygraphes. Les Sophistes collaborent avec les uns et les autres pour esquisser les premiers linéaments de savoirs tout nouveaux et dont la liste est encore, à peu près, celle des sciences que nous cultivons ; les philosophes sont de moins en moins seuls à régir la cité des esprits ; ils y gardent la première place, mais ils ont de plus en plus de rivaux.

On composerait, malgré tout, un recueil assez considérable avec les pensées de valeur ajoutées par les Sophistes à celles des philosophes proprement dits. C'est Alkidamas qui proclamait que nul homme ne naît esclave. Antiphon parla de l'éducation dans des termes dignes de Platon et d'Aristote. Hippias avait affirmé l'égalité des hommes. Si l'on rassemblait sous le nom de philosophie tout ce qu'il y a d'idées générales chez les Sophistes, les philosophes, les écrivains littéraires et les législateurs de la période qui finit à Sokrate, on ne trouverait peut-être pas une conception moderne qui n'ait été au moins pressentie alors ; et si, en même temps, l'on se décidait à considérer l'œuvre des savants de ce temps comme beaucoup plus scientifique, souvent, qu'elle n'est philosophique, on aurait enfin, de la période antésocratique de l'évolution intellectuelle des Grecs, une idée à peu près exacte. Nous possédons aujourd'hui assez de documents pour savoir rectifier les erreurs les plus grossières de l'histoire traditionnelle de la philosophie ancienne ; et cependant les plus inacceptables des vieilles interprétations continuent à déshonorer nombre de manuels destinés à la jeunesse ; nous serions satisfaits si, dans les limites que nous imposaient notre sujet et le format de ce petit livre, nous avions pu contribuer à affaiblir dans le grand public quelques-uns des préjugés que déjà n'ont plus, nous l'espérons, les historiens qui les semblent conserver. Il ne faut pas écrire, à l'usage des autres, tout autrement qu'on ne pense pour son propre compte. N'y a-t-il de vulgarisables que les points de vue inexacts ?

NOTE BIBLIOGRAPHIQUE

Il ne s'agit point ici de donner des renseignements complets, mais ceux qui suivent suffiront à qui voudra approfondir en amateur sérieux un sujet susceptible d'occuper encore bien des générations de savants. En premier lieu, il faut lire les *Fragmenta philosophorum græcorum,* édités par Mullach, vol. I, Didot, Paris, et l'*Historia philosophiæ græcæ,* par Ritter et Preller, Perthes, Gotha. Il est tout aussi indispensable de consulter les *Doxographi græci,* par Diels, Berlin. On serait mal fondé à négliger des ouvrages de seconde main comme le *Grundriss der Geschichte der Philosophie,* par Ueberweg-Heinze, vol. I, Mittler, Berlin ; la *Philosophie des Grecs,* par Zeller, trad. Boutroux, vol. I, Hachette, Paris ; *Les Penseurs de la Grèce,* par Gomperz, trad. Reymond, Payot, Lausanne, et Alcan, Paris. Le premier de ces trois ouvrages est précieux par sa lumineuse concision et ses renseignements bibliographiques ; le second est d'une sûreté unique et d'une objectivité presque absolue ; mais l'originalité de la spéculation grecque et son indépendance des doctrines orientales et égyptiennes y sont exagérées ; ce défaut est absent du troisième ouvrage, qui, de plus, présente un tableau très complet et très vivant de l'activité intellectuelle générale des Grecs ; mais il faut se défier un peu de l'imagination de l'auteur. Il est toujours utile de lire l'*Essai sur la Méta-*

physique d'Aristote, par Ravaisson, Joubert, Paris. On profitera beaucoup aussi, à condition d'être sur ses gardes, de la lecture du vol. VIII de l'*History of Greece,* par Grote ; son apologie de la Sophistique est parfois outrée. Il est indispensable de méditer longuement *Pour l'Histoire de la Science hellène,* par Tannery, Alcan, Paris ; le rôle des Pythagoriciens est admirablement mis en relief dans ce livre qui détruit un grand nombre d'erreurs courantes ; mais il arrive à l'auteur d'être d'une hardiesse excessive. On devra consulter *Les Philosophes géomètres de la Grèce,* par Milhaud, Alcan, Paris, et *La Morale avant les Philosophes,* par L. Ménard, Didot, Paris. Enfin il faut parcourir des collections comme l'*Archiv für Geschichte der Philosophie,* dirigée par L. Stein, Reimer, Berlin ; la *Revue philosophique,* dirigée par Ribot, Alcan, Paris ; et l'*Année philosophique,* dirigée par Pillon, Alcan, Paris. Il ne sera pas inutile, enfin, de lire le chapitre relatif à la Grèce dans le *Manuel de l'Histoire des Religions,* par Chantepie de la Saussaye, trad. du hollandais par Hubert et Lévi, Colin, Paris. Bien entendu, cette liste est tout à fait sommaire, mais elle indique le minimum des lectures qu'il est indispensable de faire pour connaître le plus sûr de ce qu'on peut savoir sur les Antésocratiques, et pour comprendre les difficultés d'une histoire parfaite de leur pensée. Nous nous permettrons de renvoyer aussi au chap. II de notre *Essai critique sur le Droit d'affirmer,* Alcan, Paris, et aux chapitres IV et V de la Ire partie de notre *Morale rationnelle dans ses relations avec la Philosophie générale,* Payot, Lausanne.

TABLE DES MATIÈRES

Pages.

Chapitre premier. — Les sources et les premiers débuts de la Sagesse hellénique. 5
Chapitre II — Thalès, Anaximandre, Anaximène, Diogène d'Apollonie.......... 19
Chapitre III — Héraklite..................... 33
Chapitre IV — Pythagore et les Pythagoriciens. 43
Chapitre V — Xénophane, Parménide, Zénon, Mélissos.................... 53
Chapitre VI — Empédokle.................... 73
Chapitre VII — Anaxagore.................... 83
Chapitre VIII — Les Atomistes : Leukippe, Démokrite....................... 97
Chapitre IX — Les Sophistes : Protagoras, Gorgias, Prodikos, Hippias............ 111
Note bibliographique.......................... 125

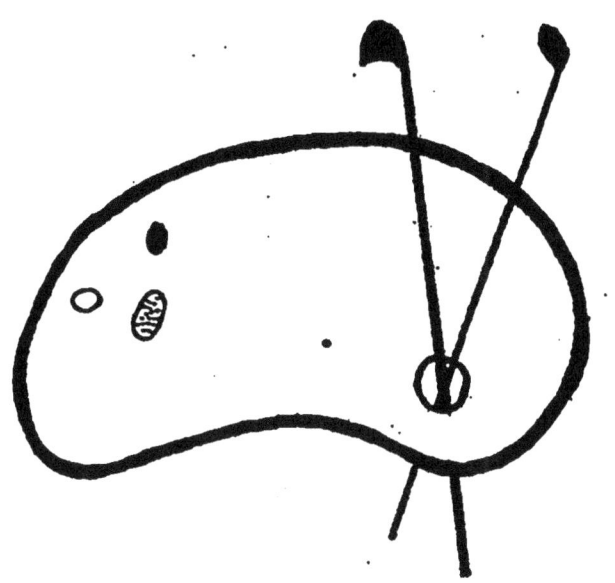

ORIGINAL EN COULEUR
NF Z 43-120-8

www.ingramcontent.com/pod-product-compliance
Lightning Source LLC
Chambersburg PA
CBHW060207100426
42744CB00007B/1203